Edgar Dawson

Byron und Moore

Dawson, Edgar

Byron und Moore

ISBN: 978-3-86741-486-9

Auflage: 1
Erscheinungsjahr: 2010
Erscheinungsort: Bremen, Deutschland

© Europäischer Hochschulverlag GmbH & Co KG, Fahrenheitstr. 1, 28359 Bremen (www.eh-verlag.de). Alle Rechte beim Verlag und bei den jeweiligen Lizenzgebern.

Bei diesem Titel handelt es sich um den Nachdruck eines historischen, lange vergriffenen Buches aus dem Verlag Dr. Seele & Co, Leipzig (1902). Da elektronische Druckvorlagen für diese Titel nicht existieren, musste auf alte Vorlagen zurückgegriffen werden. Hieraus zwangsläufig resultierende Qualitätsverluste bitten wir zu entschuldigen.

Byron und Moore.

Inaugural-Dissertation

zur

Erlangung der philosophischen Doktorwürde

an der

Universität Leipzig

vorgelegt von

Edgar Dawson
aus Spottswood, U. S. A.

Leipzig.
Verlag von Dr. Seele & Co.
1902.

Inhalt.

	Seite
Quellen	5
Chronologische Übersicht	7
Einleitung	9
I. Geschichte der Freundschaft	13
II. „Memoirs" und „Life of Byron"	25
Moores Teil an der Vernichtung	25
Die 2000 £	34
Wer zahlte für „the Life"?	37
III. Der Einfluss Moores und Byrons aufeinander	39
1. „Little's Poems" und	41
a) „Hours of Idleness"	43
b) „Occasional Pieces"	48
2. „Irish Melodies" und	49
a) „Stanzas for music"	52
b) „Hebrew Melodies"	56
3. Orientalische Gedichte	60
4. „Heaven and Earth" und „The doves of the Angels"	61
5. „Rhymes on the Road"	68
6. Politische Beziehungen	70
7. „The Blues" und „The Blue stockings"	75
8. Religion	76
9. Versbau	77
Schluss	86

Quellen.

I.	The works of Lord Byron, complete in five volumes. 2nd Edition, Tauchnitz, Leipzig 1866. (¹)
II.	The poetical works of Th. Moore, Albion Edition. (¹)
III.	The Poetical and Prose works of Lord Byron: The Poetry edited by Ernest Hartley, Coleridge. The Letters edited by Rowland E. Prothero. (²) John Murray, London 1898.
IV.	Memoirs, Journals and Correspondences of Th. Moore, edited by the Right Hon. Lord John Russel (²), London 1853.
V.	Byron by John Nichol, London 1894.
VI.	Lord Byron von Karl Elze, 3te Auflage. Berlin 1886.
VII.	The Real Lord Byron by John Cordy Jeaffreson, London 1883.
VIII.	Letters and Journal of Lord Byron with notices of his life by Th. Moore, London 1884.
IX.	Conversations of Lord Byron (1821—1822) by Thomas Medwin, Paris 1824.
X.	Conversations with Lord Byron, Lady Blessington, London 1894.
XI.	My recollection of Lord Byron, Theresa Guiccioli, London 1869.
XII.	Geschichte der englischen Literatur von Prof. Dr. Rich. Wülker, Leipzig 1896.
XIII.	Geschichte der englischen Literatur im Neunzehnten Jahrhundert von Karl Bleibtreu, Leipzig 1887.
XIV.	Thomas Little's Poems, London 1802.
XV.	Hours of Idleness, George Gordon, Lord Byron, Newark 1807
XVI.	The works of Thomas Moore, Esq. Leipzig 1826.
XVII.	The works of Lord Byron edited by Thomas Moore, Gibbings, London 1891.
XVIII.	The Poetical works of Thomas Moore, Bliss, Sands and Co., London.
XIX.	Byrons und Moores orientalische Gedichte von Oskar Thiergen, Leipzig, Diss. 1880.

XX.	Byron's and Moore's lyrical Poems von Rinck, Schul-Progr. Köln 1871.
XXI.	Über Byrons „Heaven and Earth" von Georg Mayn, Breslauer Diss. 1887.
XXII.	Englische Metrik von J. Schipper. Bonn 1888.
XXIII.	Popes Einfluss auf Byrons Jugenddichtungen von Weiser, Leipziger Diss. und Anglia I. 252.
XXIV.	Lord Byrons Weltanschauung von J. O. E. Donner, Helsingsfors 1897. Treitschke, Macaulay's Essay on Byron, Green's History of England. Abhandlungen über Moore und Byron in dem Dictionary of National Biography und in der Encyclopædia Brittanica etc.

[1]) Wenn die Werke und [2]) die Briefe ohne nähere Bezeichnung genannt werden, sind diese Ausgaben gemeint.

Chronologische Übersicht.

Übersetzung v. Anacreon.	1800	Byrons unglückliche Liebe.
„Little's Poems".	1801	
	1803	Byron konnte Littles Gedichte auswendig.
	1802—7	Byron dichtete: „Hours of Idleness".
„Odes, Epistles and other Poems"	1806	Byron eilte sie zu kaufen.
„Irish Melodies" I u. II.	1807	
„ „ III bald darauf.		
	1809	„English Bards". Byron verlässt England.
„Irish Melodies IV".		
„The blue stockings".	1811	Byron und Moore werden bekannt.
	1812	„Child Harold II".
„Irish Melodies V".	1813	„Giaour" und „Bride of Abidos".
„Two Penny Post Bag".	1814	„Corsair".
„Irish Melodies VI".	1815	„Hebrew Melodies".
	1816	„Siege of Corinth".
„Lalla Rookk".	1817	
Moore erhält die „Memoirs".	1819	Moore und Byron treffen sich in Italien.
„Rhymes on the road".	1820	
„Fables for the holy Alliance."		
„The Loves of the Angels".	1823	„Heaven and Earth", „Blues".
Memoirs vernichtet.	1824	starb Byron.
Moore's:		„Life of Byron."

Einleitung.

Byron war wohl der subjektivste der englischen Dichter. Seine Dichtungen würden nichts sein, wenn sie nicht als treues Bild seiner Seele in ihrer ganzen Aufrichtigkeit ihre Fehler und ihre Tugenden, ihren Hass und ihre Liebe widerspiegelten.

Deshalb ist auch alles, was in intimer Verbindung mit Byrons Geistesleben stand, interessant für uns, und um so interessanter alles das, welches in Beziehung zu ihm trat, als sein Genius zuerst erwachte und einen lebenslänglichen Einfluss auf ihn ausübte. Von einer derartigen Bedeutung ist Byrons tiefe Verehrung und Freundschaft für Th. Moore.

Moore seinerseits war charakteristisch objektiv. Er hatte eine Familie zu erhalten, und obwohl er ein Dichter und Sänger war im höchsten Sinne des Wortes, so war er notwendigerweise auch ein praktischer Mann. Einige seiner Werke hat er nur geschrieben, um das Geld zu verdienen, welches er unbedingt zum Leben brauchte. Um dieser Aufgabe mit dem besten Erfolge nachkommen zu können, musste er dem Wunsche und dem Geschmack seiner Zeit Rechnung tragen. Es ist deshalb zu vermuten, dass er sich ein Beispiel an den berühmtesten Schriftstellern seiner Zeit genommen hat; insbesondere an einem Manne, für den er die höchste Achtung und die grösste Liebe hegte, und von dem er zu gleicher Zeit noch manches lernen konnte. Moores erste und beste Liebe galt seiner Frau, aber nach ihr hegte er keinen so treu in seinem Herzen als Byron.

Die Frage der Geistesverwandtschaft zwischen Moore und Byron ist deshalb ein besonders wichtiges

Thema für die literarhistorische Forschung des 19. Jahrhunderts, als beide in ihren eigenen Sphären der Dichtkunst den höchsten Standpunkt des Jahrhunderts und den höchsten selbst seit Shakespeare erreicht haben. Dass beide einen starken Einfluss auf einander ausübten, ist ausser Frage, in einem Zeitalter, wo die „absolute originality .. is only possible to the hermit, the lunatic or the sensation novelist".[1]) Byron giebt diese Thatsache zu: „I am not conscious of writing thefts on any of the genius. As to originality, all pretentions are ludicrous, — there is nothing new under the sun", und er legte Medwin dar, dass in einer Seite von Scott kaum eine einzige originelle Idee sei, er wies nach, woher eine jede entnommen wäre, dennoch zugebend, dass Scott sicher nicht die geringste Ahnung davon gehabt habe, dass er abschreibe. Ganz genau so war es mit Moore und Byron, sie beeinflussten einander unbewusst. Diese Frage ist von ziemlich allen behandelt worden, welche über Moore oder Byron geschrieben haben. Unter den Biographen scheint Elze und unter den Literar-Historikern Wülker die geistige Verwandtschaft zwischen Byron und Moore am besten verstanden zu haben.

Elze sagt (128): „Von diesem Augenblicke an (nämlich von der ersten Begegnung) wuchsen die Sympathien zwischen Byron und Moore schnell zu Vertrautheit und reiften bekanntlich zu einer lebenslänglichen Freundschaft" (56). Nächst Moore ist wohl keiner so im wahren Sinne des Wortes Byrons Freund gewesen als Hobhouse.

Wülker (494) sagt nur: „Mit Th. Moore war der Dichter Byron durch Freundschaft eng verbunden."

Bleibtreu (91) äussert, dass Moore Byron treu war, „bis über den Tod hinaus", aber, dass er in seiner Biographie von Byron (192) „jede Auffassung dieses Dichterlebens schon in den Quellen verfälscht habe." Es scheint, dass für viele Biographen der Satz gilt [2]): „The one enigma of their (Shelley, Hunt, Byron, Scott,

---

[1]) Nichol, 212. [2]) Nichol.

Wordsworth)[1] criticism is the respect that they all join in paying to the witty, genial, shallow, worldly, musical Tom Moore."

Deshalb habe ich versucht, indem ich, in den meisten Fällen, die von den besten Schriftstellern ausgedrückten Ansichten über irgend einen Teil meines Themas wiedergab, soweit es möglich war, die Dichter selbst reden lassen. Dies konnte ich thun, durch die Erlangung aller wichtigsten Quellen wie z. B. Russell's "Letters and Journal of Thomas Moore,"[2] die Prothero-Coleridge Ausgabe von "Byrons Letters and Works" und Moores "Letters and Journal of Byron", mit verschiedenen Ausgaben der Werke der beiden Autoren einschliesslich eines Exemplares von "Little's Poems"[3] von 1802 und Byrons "Hours of Idleness", neben den Unterhaltungen mit verschiedenen Freunden Byrons.

Ich bedaure, soweit "The Memoires" berührt sind, dass ich die "Hobhouse papers" nicht erhalten konnte. Meine subjektive Ansicht habe ich so viel als möglich unterdrückt und mich auf die Auszüge aus den Quellen berufen.[4] Die Dissertationen von Weiser, Mayn u. s. w.[5] haben mir Anregung gegeben, auf welche ich in den meisten Fällen hingewiesen habe. Sollte ich einen solchen Hinweis zufällig unterlassen haben, so halte ich für hinreichend zu bemerken, dass ich alles gelesen, was in irgend welcher Verbindung mit meinem Gegenstand steht und es benützt habe, sofern es durch Thatsachen unterstützt ist. Den Verfassern der benützten Werke sei hiermit mein Dank ausgedrückt.

Wenn es mir gelänge Th. Moores Ruhm im geringsten zu erhöhen, um dadurch den Ruf Lord Byrons,[6]

---

[1] S. 130. [2] Welches die Königliche Bibliothek in Berlin mir freundlichst zur Verfügung stellte.
[3] In der Heidelberger Universitäts-Bibliothek.
[4] Da ich keine Theorie aufzustellen hatte.
[5] Vgl. Seite 6 dieser Schrift.
[6] Ich finde, dass eine bessere Würdigung Moores auch für Byron von Vorteil sein muss, denn gewöhnlich beurteilt man jemand nach der Wahl seiner Freunde: und Byron sagte Moore oftmals, dass er sich über seine Erfolge .... wenn aus keinem andern Grunde freue denn aus dem, dass sie "birds of a feather"

seines intimsten Freundes, zu bessern, so ist meine Arbeit nicht vergeblich gewesen. Selbst bis zur Gegenwart wurde Tom Moore von Literarhistorikern in den seltensten Fällen volle Gerechtigkeit zu teil, weder als Mensch noch als Dichter; "a man who was courted and esteemed by a Lord Landsdowne, Mr. Cuning, Sir Robert Peel, Rogers, Mr. Sidney Smith, Sir Walter Scott and Lord Byron (dem sein Biograph Lord Russel angereiht sein möge) must have had social as well as literary merits of no common order."

---

seien. 637. "really and truly I want you to make a great hit — if only out of self love, because we happen to be old cronies." (673.)

Kapitel I.

Byrons und Moores Freundschaft.

Als Byron 1814 den zweiten Brief empfing, welcher eine Frage enthielt betreffs Erklärung über die Notizen zu den "English Bards", war der Verfasser von "Littles Gedichten" und der "Epistles, Odes and other Poems" kein Fremder für ihn. Keines der Werke Moores war seiner Aufmerksamkeit entgangen.[1] Er konnte in 1803 "Little" auswendig, 1806 (Journal 12, 18, 21) hatte er sofort Moores neuestes Werk gekauft und ein Witzgedicht[2] über "The blue Stockings", auf den Dichter Anacreon Moore[3] bezüglich, gemacht. 1808 beklagte er sich selbst über die Lästerer, die auch Moore hart mitgenommen hatten; doch trotz seines Unwillens über die Dichter seiner Zeit setzte er nicht Moores Verdienst herab, obgleich er ihn nicht persönlich kannte.[4]

Es wird gewöhnlich angenommen, dass das Missverständnis zwischen Byron und Moore wegen eines Angriffs in den "English Bards" entstand; dies ist aber nicht der Fall.

Grundlose Vermutungen waren durch Moores Duell mit Jeffrey entstanden. Auch hatte Byron die Schriften nicht gesehen, welche Moores Widerlegung dieser Berichte enthielten, und betrachtete die Wahrheit der Bemerkungen zu den "English Bards" als erwiesen und

---

[1] Brief No. 804.
[2] Briefe No. 184, 13. Sept. 1811. "I call upon you to admire the following on Anacreon Moore's new political farce."
    "Good plays are scarce
    So Moore writes farce
    Is fame like his so brittle? etc."
[3] Brief No. 94. [4] Brief No. 324.

offenbarte so **einen Zweifel an Moores Worten.**[1]) Hierin liegt die Beleidigung und nicht in den Bemerkungen selbst.

Moores erster Brief in dieser Angelegenheit war sehr heftig, erreichte aber glücklicherweise seinen Bestimmungsort nicht; der zweite von einem Familienvater geschrieben, einem Manne, der sich der Verantwortlichkeit voll bewusst war, war viel bescheidener im Tone und fragte nur an, warum sich Lord Byron erlaubt habe, des Irländers Worte anzugreifen.[2])

Moore sprach oftmals von Byrons Feingefühl, welches er bei dieser Gelegenheit gezeigt habe,[3]) und Byron war so erfreut über Moores Benehmen, dass er diesen innerhalb eines Jahres bat, ihn in einer ähnlichen Angelegenheit zu unterstützen.[4])

Von ihrem ersten Zusammentreffen an verstrich kein Tag, an dem sie nicht einander sahen,[5]) und im Dezember desselben Jahres schrieb Byron einen Brief an Moore, — "If you please we will drop our former monosyllables and adhere to the appellations sanctioned by our godfathers etc." und spricht von ihm als: "truly a man of taste" und "epitome of all that is exquisite in poetical and personal accomplishment."[6])

Die schnell wachsende Freundschaft Byrons beruht sicher auf der Thatsache, dass als er England verliess:[7]) "If friends he had, he bad adieu to none", und als er zurückkehrte „stand er völlig familienlos da"[8]) (vergl. Brief 236).

1812 finden wir Moore seine Postsachen unter Byrons Adresse empfangen,[9]) und er äussert seines Freundes "poetry is doing wonders, and there is nothing talked of but him every where",[10]) und Byron schrieb an Moore: "I am too proud of being your being friend —

---

[1]) Bemerkung zu den späteren Ausgaben der "Engl. Bards".
[2]) Ich gebe diese Einzelheiten hier wieder, weil Mr. Leslie Stephen von dieser zweiten Notiz als: "a request for acquaintance" spricht.
[3]) Russell II, V, 28, 1818.   [4]) Russell II, Page 110–111.
[5]) Brief No. 214.   [6]) Brief No. 212.   [7]) E. H. I, 10.   [8]) Elze, 122.
[9]) Russell, I, 273. I, 275.   [10]) Ebenda 276.

God knows, I want friends more at this time than at any other." ¹) Hierauf antwortete Moore: "If by my coming to town to you, or by doing anything else in the world that is in mypower, I can either amuse, serve, or in the slightest degree minister to your comfort, I am heartily ready at a minute's notice." ²) Byrons Randbemerkung zu diesem Briefe ist: ³)

"Kindest letter from Moore. I do think that man is the best hearted being I ever encountered", und antwortete "nor is there anyone to whom I would sooner turn for consolation." ⁵)

1813 war die intime Freundschaft beider Männer schon bekannt. Murray bietet Moore "through Byron some hundreds a year to become editor of a review" ⁶), und Jeffrey sagt zu Moore: "I wish you would make Lord Byron write a review." ⁷)

Für ihre gegenseitige Wertschätzung zeugt Moores Ausspruch:

"His (Byron's) last thing, the Giaour, is very much praised and deservedly so; indeed I think he will dethrone Walter Scott", und Byron schreibt in seinem Tagebuche "Moore has a peculiarity of talent, or rather talents, — poetry, music, voice all his own; and an expression in each, which never was nor will be possessed by another. But he is capable of still higher flights in poetry. There is nothing Moore cannot do, if he will but seriously set about it — altogether, more pleasing than any individual with whom I am aquainted." Und er zu Moore (328) "You don't know your own value", 325 "what on earth can you or have you to dread from any poetical flesh breathing."

In diesem Jahre spricht Byron in dreien seiner Briefe (311, 315, 319) die Besorgnis darüber aus, dass Moore nicht oft genug schreibt und fürchtet „that I

---

¹) Brief No. 236. ²) Brief No. 424, Bemerkung.
³) Die meisten Zeugnisse ihrer Freundschaft sind in Byrons Briefen überliefert, weil nur wenige Briefe von Moore uns erhalten sind
⁴) Journal, 10. Dez. 1813. ⁵) Brief No. 424. ⁶) Russell I, 348. ⁷) Russell, 31. Aug. 1814.

might have said something I should have been very
sorry for, had it, or I offended you." Und Moore sagt:
„The only faithful and voluminous correspondent I have
is Byron, which is exceedingly delightful to me." [1])

Das Jahr 1814 kann wohl als die Höhe ihrer
Freundschaft angenommen werden. Im Februar schreibs
Byron: „I believe that most of our hates and [2]) likingt
have been hitherto about the same but from henceforth
they must, of necessity, be one and indivisible, and
now for it! I am for any weapon, the pen till one can
find something sharper, — will do for a beginning."

Diese Bemerkung bezieht sich auf einen Angriff
gegen Byron und Moore, betreffs „Lines to a Lady
weeping", veröffentlicht im März 1812, welches Gedicht,
obgleich es von Byron war, lange für Moores Werk
gehalten wurde.

Dieses betrifft nur einen von einer Reihe von
Fällen, in welchen Moores und Byrons Werke von Eng-
ländern und Ausländern gegenseitig verwechselt wurden.
— So wurde zum Beispiel „Lalla Rookk" unter Byrons
Werke gerechnet. Byron äussert darüber: „In the
year 1814 Murray had sent me a Java-Gazette — —
which [3]) contains a dispute on Mooré's merits and Mine."

Byrons Gedanken über Moore während dieser Zeit
sind in seiner Widmung im „Corsair" ausgedrückt, von
welcher Moore sagt [4]): „Lord Byron dedicates his „Corsair" to me which I look upon as a very high niche
in the temple of fame, — I think there are few more
generous spirits than Lord Byron, and: the overflowing
praise he has lavisched on me in his dedication is just
such as might be expected from a profuse, magnificent
minded fellow, who does not wait for the scales to
weigh what he says, but gives praise, as sailors lend
money, by handfuls. Let others think what they will
of it, he has made me very proud and happy."

Moore hatte an Lalla Rookk seit 1812 mit halbem
Interesse gearbeitet, aber jetzt war er mit vollem Ernst
daran gegangen, und wir hören Byron sagen: „I hope

---

[1]) Russell VIII, 160. [2]) Brief No. 411. [3]) Journal 15. Jan. 1821.
[4]) Russell VIII, 169.

we shall some day meet and whatever years may precede or succeed it. I shall mark it with a white stone in my calendar", und fügte hinzu, er müsste „either remain a long time with us, or not come at all; for these snatches of society make the subsequent separations bitterer than ever", trotzdem warnt er ihn, das Gedicht nicht zu vernachlässigen: „Your fame is dear to me, I really may say dearer than my own."

In dieselbe Zeit ungefähr fällt das Ereignis, wo wir Byron in Moores Familienkreise erblicken, nämlich bei der Taufe von Olivia Byron Moore (geb. am 18. August 1814), an welcher Byron als Pate teilnahm. Während Byron den grössten Teil seiner Zuneigung Moore widmete, so blieb doch Moores grösste Liebe stets seiner Gemahlin zugewandt. Bei der Betrachtung ihres Freundschaftsverhältnisses sollte dies niemals aus dem Auge verloren werden. — In demselben Jahre 1814 finden wir die Anfänge von Byrons unglücklichem Eheleben. Dann konnte wohl unmöglich ein grösserer Gegensatz zwischen diesen beiden Freunden in dieser Hinsicht bestehen.

Am 20. September, zwei Tage nach seiner Verlobung,[1]) schrieb Byron an Moore:

„Here's to her who long
Hath waked the poets sigh!
The girl who gave to song
What gold could never buy. (Irish Modieles.)

I am going to be married. Now if you have any thing to say against this pray do"; und am 14. Oktober: „there were anything in marriage that would make a difference between my friends and me, particularly in your case, I would none on't".

Am 2. Januar des nächsten Jahres feierte Byron seine Hochzeit, und während des ganzen Jahres hören wir sehr wenig von den Beziehungen zwischen ihm und seinem Freunde. Der letztere studierte eifrig morgenländische Werke, während Byron den Pflichten seines

---

[1]) Brief No. 496.

jungen Eheglückes gerecht zu werden versuchte.[1]) Bald darauf jedoch verliess er England, im April 1816, für immer. Seine Gefühle für Moore zeigen sich deutlich in den herrlichen Zeilen, auf welche seine eignen Worte: „And though the eye may sparkle still, 'tis where the ice appears" anwendbar sind. —

„My boat is on the shore
And my bark is on sea;
But, before I go, Tom Moore,
Here's a double health to thee!

Here's a sigh to those who love me
And a smile to those who hate;
And, whatever sky's above me,
Here's a heart for every fate.

Were't the last drop in the well
As I grasp'd upon the brink,
Ere my fainting spirit fell,
'Tis to thee that I would drink.

With that water, as with wine,
The libation I would pour
Should be peace with thine and mine,
And a health to thee Tom Moore."

Wahrscheinlich schrieb Rogers niemals etwas Rührenderes als den Brief vom April 1816 an Moore, „I see him (Byron) now as he looked when I was leaving him one, day and as he cried out after me, with a gay face and a melancholy accent", Moore is coming and you and he will be together, and I shall not be with you"! It went to my heart, for he loves you dearly"!

Wer von solcher Freundschaft zwischen solchen Männern weiss, kann der an den Charakter und die Schuld glauben, welche seine Zeit Byron zuschrieb?

Von Byrons Abreise bis zum Februar 1817, in dem „Lalla Rookk" erschien, war Moores ganzes Interesse auf dieses Gedicht gerichtet, das den Hauptgegenstand

---

[1]) Wir können nicht Bleibtreus Meinung sein, der da sagt: dass Byron „sie (d h. seine Frau) allein zu Hause liess, während er mit Moore und Rogers kneipte" (Bleibtreu 205.)

der Korrespondenz Byrons mit ihm in dieser Zeit bildet. Er spricht weiter von Moore als dem „select" (639) und von Scott, Moore und Gifford als „the only regulars — who had nothing of the Garrison about their manner: no nonsense, nor affectations." Er bedauert häufig so wenig Briefe von Moore zu empfangen, „considering that I am in foreign parts" (640), und meint Moore, „will (631) perhaps complain as much of the frequency of my letters now as you were want to do of their rarity."

Während dieser ganzen Zeit war Moore sehr beschäftigt, und Byron erwartete voller Spannung[1]) das neue Gedicht, aber er hatte sich jedenfalls zu viel versprochen, denn als es erschien, war er recht enttäuscht.

Im Herbste 1817 erfuhr die innige Freundschaft, welche sechs Jahre bestanden hatte, die erste leichte Trübung und bald darauf 1818 einen zweiten Stoss. In einer weniger steten Freundschaft würde keiner der beiden Erscheinungen aufgefallen sein, doch bei einer Verbindung von solch einer Tiefe und Innigkeit stört ein unrechtes Wort wie ein falscher Ton. Keiner der Fälle lässt sich zu persönlichen Angelegenheiten der Freunde in Beziehung setzen. Diese bleiben dieselben, und die genaueste Prüfung wird eine Trübung der persönlichen Beziehungen zwischen Moore und Byron nicht nachweisen können. Sondern die Missverständnisse beruhen auf ausgesprochenen Ansichten der Freunde über die grössten Werke — „Lalla Rookk" und „Don Juan". Ehe 'Lalla Rookk' veröffentlicht wurde, hatte Byron Moore unbegrenztes Lob gespendet, während er ihn nachher nur als Schöpfer der 'Irish Melodies' lobte. Seine aufrichtige Bewunderung für diese dauerte sein ganzes Leben lang.

Am 15. September 1817 schrieb Byron an Murray, "of the poem ("L. R.") itself, I will tell you my opinion when I have mastered it; I say the poem for I don't like the prose at all, at all.

---

[1]) „By the body of Diana! I feel as anxious for you, as if I were myself coming out in a work of humour."

(637) „really and truly, I want you to make a great hit, if only out of selflove, because we happen to be old cronies."

With regard to poetry in general, I am convinced, the more I think of it, that we are all of us — Scott, Southey, Wordsworth, Moore, Campbell, I, are in the wrong, one as much as the other; that we are upon a wrong revolutionary poetical system, or systems, not worth a damn in itself and from which none but Rogers and Crabbe are free; I am the more comfirmed in this by having gone over some of our classics, particularly Pope, whom I tried in this way, I took Moores poems and my own and some others, and went over them side by side with Pope's and I was really astonished at the infallible distance in point of sense, harmony, effect and even imagination, passion and invention between the little Queen Anne's man, and us of the lower empire."

Obgleich Byron dieses erklärt, indem er sagte (2. Febr. 1818): "But I never said we did not sail well, our fame will be hurt by admiration and imitation," so hatte der Schlag seine Spuren hinterlassen; doch Byrons Absicht stand fest, denn wir hören ihn später öfters sagen: (693) "Pope, the poet against the world" oder "your whole generation (to Murray) are not worth a canto of the Rape of the Lock"; als in seinem

'Poetical Commandment',
Don Juan I CCV.

"Thou shalt believe in Milton, Drydon, Pope;
Thou shalt not set up Wordsworth, Colerige, Southey;
Because the first is crazed beyond all hope,
The second drunk, the third so quaint and mouthy;
With Crabbe it may be difficult to cope,
And Campbell's Hippocrene is somewhat drouthy
Thou shalt not steal from Samuel Rogers nor
Commit-flirtation with the muse of Moore."

Als Vergeltung kamen Moores Kritiken über 'Don Juan' I. Ende des Jahres wurde die Veröffentlichung dieses Werkes in Erwägung gezogen und im Jahre 1819 (Januar) Moore neben einigen Anderen von Byron gewählt, um zu entscheiden, ob 'Don Juan' dazu passe. Diese sprachen sich aus fünf Gründen dagegen aus:

1. "In expediency of reviving his domesticic troubles by sarcasms on his wife.
2. The indecency of parts.
3. The attacks on religion.
4. The abuse of other writers of the day.
5. The confirmation of the stories about his Venetian life."

und Moore[1]) schrieb in sein Tagebuch dieses Gedicht wäre "a strange production, full of talent and singularity, some highly beautiful passages but on the whole unpublishable." "He seems by being so long out of London to have forgotten that standard of decorum in society to which everyone must refer his words at least, who hopes to be either listened to or read by the world."

Und hiermit endet die Sache. Byron war sehr aufgebracht über diesen Beschluss, aber veröffentlichte seinen 'Don Juan' trotzdem. Moore fühlte sich tief gekränkt, doch die alte Freundschaft wurde alsbald wieder hergestellt, wenn sie auch nicht denselben Grad der Innigkeit erreichte, den sie vor Byrons Fortgang aus England eingenommen hatte.

Als im Februar 1818 Moores Tochter starb, schrieb Byron an ihn:

"Your domestic calamity is very grievous and I feel with you as much as I dare feel at all. Throughout life, your loss will be my loss and your gain my gain, and tho'my heart may ebb, there will always be a drop for you among the dregs."

Moore schrieb in sein Tagebuch über 'Don Juan' II [2]) "this poem will make a great sensation. Young Haidee is the very concentrated essence of Voluptuousness and will set all the women wild."

Bald nach dieser Zeit trat für Moore eine derartige finanzielle Notlage ein, dass sie manchen andern zu Boden geworfen haben würde, aber Moore blieb sich seiner Pflicht und Verpflichtungen bewusst. Seine eng-

---
[1]) Russell II, 260. [2]) II, 329.

lischen Freunde wollten für ihn eintreten, und Byron schrieb am 9. August 1819 an Murray [1]):

"What is the matter? is it anything in which his friends can be of use to him? Pray inform me"

und später im Oktober 1821 bestand er darauf, dass Moore [2]) die Begleichung der Schulden erlaube. Der letztere antwortete mit seinem Mr. Hart in "The Bluestockings"

"Keep your patronage, Sir, for those who want it (I am) the only patron that I require. Let but my conduct meet with (my) approbation" etc.

Im Oktober 1819 war Moore mit Byron kurze Zeit in Italien. Hier übergab Byron Moore seine Memoiren. Von dieser Zeit ab, wo beide zu gleicher Zeit an gleichen Themen arbeiteten, schöpften beide aus ihren gegenseitigen Anregungen und Ermutigungen neue Kraft.

Byron verlangt, dass sich beide mit Hunt in einer Publikation vereinigen, während Moore ihm entschieden abrät, sich daran zu beteiligen. Moore verteidigt seines Freundes Andenken, indem er behauptet: [3]) "that Lady Byron was not a fit wife for him" und rät Murray [4]) "not to speak so freely of his transactions with Lord Byron, nor of the decrease which, he (Murray) says, has taken place in the attraction of his works."

Da besteht keine Eifersucht zwischen ihnen. Moore bedauert in seinem Journal vom 8. April 1820

"Writing on, rather inclined to persevere in my publication; but it is rather discouraging now to write when all the attention of the reading public is absorbed by two writers, — Scott and Byron";

doch er hegt keine Abneigung, da er einen Vergleich mit Lord Byron stets als das grösste Kompliment bezeichnet [5]):

"Mistake rather flattering to me. In mentioning those of Lord Byron's works he liked the best be said the 'Corsair' and 'Lalla Rookk'", und [6]) "Praised

---

[1]) Brief No. 745.   Brief No. 952.   [3]) Russell, 27. Dezember. 1820.   [4]) Russell III, 280.   [5]) Russell III, 97.   [6]) Ebenda III, 179.

me exceedingly, set me at the head of them all, near Byron."

Und Byron schreibt an Moore [1]):
"In the impartial Galignani, I perceive an extract from Blackwood's Magazine, in which it is said that there are people who have discovered that you and I are no poets — But with regard to *you*. I thought that you had always been allowed to be a *poet*, even by the stupid as well as the envious; a bad one to besure, immoral, florid, asiatic and diabolically popular, but still always a poet-new-con. This discovery, therefore, has to me the grace of novelty, as well as of consolation (according to Rochefoucault) to find myself *no* poetized in such good company. I am content to err with Plato! and can assure you with sincerity, that I would rather bereceived a non-poet with you, than to be a crowned with all the bays of the (yet uncrowned) Lakers in their society," und an Murray [2]): "I love Scott and Moore, and all the better brethren" — [3]) "you shall not send me any modern save and excepting Walter Scott, Crabbe, Moore —" doch sind einige Bemerkungen nicht so sanft. Byron sagt: (827) "What with the cockneys, and the Lakers, and the followers of Scott, and Moore, and Byron you are in the very uttermost decline and degradation in literature"; und Moore bezieht sich (II, 335) auf "Byron's unpardonable verses upon poor Romilly", doch das Gefühl ist aufrichtiger nach einer kleinen Abkühlung dieser Art.

Der letzte Freundschaftsakt zwischen beiden kurz vor Byrons Tod war Moores Widmung der „Fables for the holy Alliance" und "Rhymes on the Road" an Byron 1823.

Unter den gemeinschaftlichen Freunden war die bevorzugte Verehrung Byrons für Moore ausser Frage. Lady Blessington sagte [4]): "Clare, Hobhouse and Moore were the only Persons whose friendship Byron never disclaimed." Medwin II, 50.

---

[1]) Moore's life of Byron, S. 887. [2]) Brief No. 794. [3]) Brief No. 938. [4]) Ed. 1852. 393—394.

"I know no man I would go further to serve than Moore."

Lord Clare schrieb an Moore nach Byrons Tode[1]: "But I do feel I have been guilty of tort toward you, and you cannot conceive with what zeal Byron took your part against me when we met in Italy. — Byron was strongly attached to you, and I feel quite sure that you and I were the persons he liked best in the world."

Byron drückte dieses Gefühl auch in einem Briefe an Mrs. Shelley aus.

Auch im Briefe an Murray 1823:

"I did not even feel it (sc. Freundschaft) for Shelley, however much I admired and esteemed him — as for friends and friendships, I feel nothing of the kind for anyone but Clare and Moore."

Solche Thatsachen brauchen wenig Besprechung! Alle Ehre gebührt solchen von Natur aus mit einem feurigen, stolzen und selbständigen Charakter begabten Männern; im Wetteifer nach demselben Lorbeer strebend hörte jeder tagtäglich das Lob des Anderen. Sehr oft wurde der Eine getadelt, weil er so intim mit dem Freunde war; auch erwarteten sie jeden Tag den Vorwurf, dass sie sich gegenseitig abschrieben, weil ihre Gedanken über bestimmte Gegenstände so verwandt waren, dass es sogar vorkam, dass beide zu gleicher Zeit an gleichen Themen schrieben, ohne sich dessen bewusst zu sein. Zwei Männer in solchen innigen Beziehungen des Lebens konnten dem Tode ruhig ins Auge schauen in dem Bewusstsein, dass sie niemals beabsichtigen, sich in Gedanken, Wort oder That zu schädigen, da sie immer ihr Gemüt offenbarten und doch von jeder Rücksicht aufeinander eingenommen waren.

---

[1] Russell VI, 29.

II. Kapitel.
Die "Memoirs" und "Life".

¹) „Zu denjenigen Punkten in Byrons Lebensgeschichte, welche den meisten Staub aufgewirbelt haben, und über die noch immer keine abschliessende Beurteilung herbeigeführt worden ist, gehört die Vernichtung seiner Memoiren."

Nichol drückte die Ansicht aus, welche die meisten Schriftsteller vertreten, wenn er sagte:

²) "For the subsequent destruction of the Memoirs, urged by Hobhouse and Mrs. Leigh ³) he was not wholly responsible; though a brave man, having accepted the position of his Lordship's literary legatee, with the express understanding that he would see to the fulfillment of the wishes of his dead friend, would have to the utmost resisted their total destruction."

Sir Walter Scott meint:

⁴) "It was a pity that nothing save the total destruction of Byron's Memoirs would satisfy his executors, but there was a reason — Premat nox alta," das ist die Meinung von einem aufrichtigen Freunde Byrons and Moores, welchem auch Moore und Hobhouse Zutrauen schenkten.

Prothero sagt in seinem Vorwort zu Byrons Briefen:
⁵) "It is difficult not to regret the destruction of the Memoirs, in which he (Byron) himself intended his history to be told; their loss cannot be replaced"; es sei denn, dass man Moores "Life of Byron" als einen Ersatz für den verloren gegangenen Schatz ansehen will.

Aus allem diesen mag ersichtlich sein, welche Wichtigkeit diesem Werk zugeschrieben wird, und welche Verantwortung Moore in dieser seiner Stellung dieser Sache gegenüber hatte. Ich stimme mit Prof. Garnett überein, wenn er sagt:

---

¹) Elze 511. ²) Nichol 70.
³) Nur als Hobhouse darauf bestanden hatte, denn sie hätte dieselben nie gelesen.
⁴) Russel I, XVII. ⁵) Prothero I, 7.

[1]) "the perfect disinterestedness of Moore's conduct (in dieser Sache) is unquestionable".

Zu gleicher Zeit will ich eine kurze Besprechung von Moores "Life of Byron" geben, welches, seiner Absicht nach, an der Stelle der vernichteten Memoiren stehen sollte, und über das so verschiedene Meinungen wie folgende ausgedrückt sind: Jeaffreson sagt:

[2]) "Six rather tedious volumes," "Moore's occasionally dishonest pages", "an excecrably poor book of excellently good materiales."

Garnett: "The Biography is in every respect a model of tact and propriety."

Bleibtreu: „Auch hat Th. Moore von vornherein jede Auffassung dieses Dichterlebens schon in den Quellen verfälscht."

Macaulay[3]): "It would be difficult to name a book which exhibits more kindness, fairness and modesty."

Die erste Erwähnung dessen, dass Moore eine Lebensgeschichte, „a life of Byron," schreiben sollte, finden wir in dem Briefe Byrons vom 13. Juli 1813 an Moore:

"Remember you must edit my posthumous works[4])' with a life of the author for which I will send you confessions."

Als Moore am 11. Okt. 1819 Byron in Italien verliess, gab dieser ihm seine Memoiren und stellte sie ihm zur Verfügung.

Moore berichtet am 12. und 19. Oktober: "read Byron's memoirs." Byron schrieb am 29. Oktober 1819 an Murray:

"I gave Moore my life in Mss. in 78 folio sheets, brought down to 1816. But this I put into his hands for his care, as he has some other Mss. of mine — a journal kept in 1814. etc."

Moores Sorge um die Memoiren mag am besten beurteilt werden, indem er[5]) "to Lady Burghersh's" geht,

---

[1]) Dict. of Nat. Biogr.   [2]) II, 324.   [3]) Essay on Byron.
[5]) Journal 24. Nov. 1819. [4]) Wovon er durch Murrays Wankelmut abgehalten wurde.

"for the purpose of seeing her put her extracts of Lord Byron's Memoirs in the fire."

Am 28. Mai 1820 wurde das Tagebuch Lady Byron zur Korrektur angeboten, welche sie sich weigerte, vorzunehmen. Moore war am 7. Mai und 11. August desselben Jahres entschlossen, die Memoiren abzuschreiben, und sagte:

"Lord Byron in his last lather alludes to what I told him (vom Kopieren) and approves of the copy being made and deposited in honourable hands in case of accident."

Darauf nimmt Byron in einem Briefe vom 17. Oktober Bezug: "Have you got my memoirs copied? I have begun a continuation. Shall I send it to you?"

Moore scheint bejahend geantwortet zu haben, da Byron am 9. Dec. 1820 weiter schrieb:

"You will receive three packets, containing in all, 18 sheets of memoranda, which, I fear, will cost you more in postage than they will ever produce by being published in the next century. Instead of waiting so long if you could make anything of them now, in the way of reversion (that is, after my death) I should be very glad, — as, with all due regard to your progeny, I prefer you to your grandchildren. Would not Longman or Murray advance you a certain sum now, pledging themselves not to have them plublished till after my decease, think you? And what say you? Over these latter sheets I would leave you a discretionary power, because they contain, perhaps a thing or two which is too sincere for the public. If I consent to your disposing of their reversion now, where would be the harm? Tastes may change. — And if you (as it is most likely) survive me, add what you please from your own knowledge; and above all, contradict anything, if I have misstated; for my first object is the truth, even at my own expence."

Diese empfing Moore am 21. Dezember. Bezüglich der letzten Bestimmung erlaubte Moore verschiedenen

Leuten die Memoiren zu lesen. Am 6. November 1821 äusserte er darüber:

¹) "that it chould be perfectly in Brougham's power to read, not only what was said about himself in these papers (which, however, I believe to be very trifling) but what was of much more consequence, all that related to Lady Byron, in order that he might have an opportunity of correcting anything that was misrepresented or misstated, and so put the refutation on record with the charge, — adding, what ever may be thought of the propriety of publishing private memoirs at all, it certainly appears much more fair thus to proclaim and lay them open to the eyes of the world, while all the persons interested or implicated are alive and capable of defending themselves, than (as is usually done) to keep them as a fire in reserve till those whom they attack have passed away, and possess no longer the power of either retorting or justifying."

Wirkliche Aufregung verursachten die Memoiren am 4. Nov. 1821, als "Lord Holland expressed some scruples about my (Moores) sale of Lord Byrons Memoirs, said he wished I could have got the 2000 guineas in anyother way; seemed to think it was in cold blood depositing a sort of quiver of poisened arrows for a future warfare upon private character; could not, however, when I pressed him, remember anything that came under this strong description, except the reported conversation with Madame de Staël, and the charge against Sir Samuel Romilly, which if false, may be neutralized by furnishing me with means of puting their refutation on record with the charge. —

Determined if on reconsideration it appeared to me that I could be fairly charged with anything wrong or unworthy in thus disposing of the "Memoirs", to throw myself on the mercy of Murray, and prevail on him to rescind the deed."

---

¹) Russell III, 300.

In der Mitte desselben Monats erhielt Moore einen Brief von Lord Lansdowne, in welchem
"he seems to agree with Lord Holland [1]) as to the sale of the 'Memoirs', at least so far as to think that it may be a subject worthy of my consideration whether I should not redeem them out of the hands of Murray and saying that the 740 £ are at my disposal towards that purpose if I even should desire it. This is enough; I am now determined to redeem them."

Am 22. April 1822 drückte Moore Murray gegenüber den Wunsch aus, die Manuskripte einzulösen, wozu sich der letztere unter der Bedingung einverstanden erklärte, dass Moore [2]) "become his debtor for 2000 guineas, leaving the Mss. in his hands as security."

Dieser Vertrag ist jedenfalls derjenige, auf welchen sich Jeaffreson (II, 302) bezieht, wenn er behauptet, dass es nicht in Moores Interesse lag, die 'Memoiren' zu vernichten. Wahrscheinlich begründete er seinen Gedanken damit, dass Byron dieselben zu vernichten beabsichtigte;[3]) der Auszug des Kontraktes lautet folgendermassen:

[4]) "whereas, Lord Byron and Mr. Moore are now inclined to wish the said work not to be published, it is agreed that, if either of them shall, during the life of the said Lord Byron, repay the 2000 guineas to Mr. Murray, the latter shall redeliver the 'Memoirs'."

Der Vertrag datiert vom 6. Mai; demnach muss es derselbe sein, von dem Moore am 22. April sagt, dass er ihn abschliessen will und am 15. Mai als abgeschlossen bezeichnet. Byron hatte nicht die geringste Ahnung von dem Einlösen der Manuskripte.[5])

---

[1]) Holland und Lansdowne waren Moores nächste Freunde.
[2]) Russell.
[3]) Leslie Stephen sagt:
"Byron afterwards became doubtful as to the publication and a deed was executed in May 1822, by which Murray undertook to restore the Mss. on the repayment of £ 2000 before Byron's death." [4]) II, 300.
[5]) Jeaffreson II, 30). "Thus so early as the 6th of May 182?. — Byron was disinclined that the 'Mss.' should be published."

Falls es wahr ist, dass Byron so schnell Moore seine Unwilligkeit betreffs Veröffentlichung der Manuskripte ausgedrückt hatte, so handelte Moore vollkommen ehrenhaft beim Zurückkaufen und Vernichten dieser. Wir haben überhaupt keine Ursache anzunehmen, dass Byron jemals zu irgend welcher Zeit Moore gegenüber den Wunsch andeutete, die Schriften aus seinen Händen zurückzuziehen, was er ja auch gegen Hobhouse geäussert haben könnte.

Es scheint offenbar ungerecht, Moore einerseits der Vernichtung der Dokumente zu beschuldigen, wo dieselben erhalten bleiben sollten, und anderseits seine Langsamkeit bei der Durchführung seiner Pläne betreffs der Manuskripte, da eine Veröffentlichung derselben von Byron nicht gewünscht wurde.

Betrachten wir in Folgendem die Geschichte der Vernichtung der 'Memoiren'[1]) und Moores Gründe, sie auszuführen.

Natürlich hatte niemand den Tod Byrons erwartet. — Moore hatte bis dahin unterlassen, das Geld an Murray zurückzubezahlen, obgleich er es seit lange beabsichtigt hatte. Hätte er es doch stets von Gönnern erhalten können, doch er war, wie sein ganzes Leben zeigt, ein Mann, welcher sich stets dagegen wehrte, irgend welche Verpflichtungen auf sich zu nehmen.

Als die Todesnachricht eingetroffen war, bestand Hobhouse darauf, dass die 'Memoiren' vollständig vernichtet würden. Aus dem Widerspruch Moores offenbart sich deutlich die Stellung, welche er zu der Sache nahm. So gründet sie sich auf die folgenden Äusserungen Byrons und jenen bereits gegebenen, welche zu demselben Schlusse führen.

Am 10. August 1821 schrieb er an Murray:
"I would rather Moore edited me than another."

---

[1]) Obgleich jene, welche diese Frage eingehender diskutiert haben, Moores Tagebuch nicht anerkennen, so sehe ich doch keinen triftigen Grund dafür. Lord Russell las es und machte Randbemerkungen zu dem Tagebuche, wo er sagte, dass er den Bericht von Hobhouse gelesen habe und "the facts related by him and Mr. Moore agree."

4. September ebenfalls an Murray:
"By Mauman I have sent a journal to Moore; but it won't do for the public, — at least a good deal of it won't, — parts may."

20. September 1821 an Murray:
"To these (Briefen) I should wish the editor to have access, *not* for the purpose of abusing confidences, nor of hurting the feelings of correspondents living or the memories of the dead, but there are things which would do neither, — the task will of course require delicacy, but that will not be wanting if Moore and Hobhouse survive me, and I may add, yourself."

9. November 1821 an Murray:
"I never read the Memoirs not even since they were written, — Mr. Moore has (or may have) a discretionary power to omit any repetition, or expressions which do not seem *good to him* who is a better judge than you or I."

Auf Grund seiner Stellung diesen klaren Wünschen Byrons gegenüber glaubte sich Moore dazu berechtigt, mit den 'Memoiren' zu thun, was er für das Richtige hielt, welches seiner Zeit darin bestand, dieselben einzulösen; die Teile, welche er für brauchbar betrachtete, zu benutzen und den Rest zu zerstören. Dieses war sein Vorschlag Hobhouse gegenüber, doch zeigte sich der letztere durchaus nicht zufriedengestellt, sondern gab an:

[1] "as he that frequently did — Lord Byron had expressed regret at having put the 'Memoirs' out of his power and alleged considerations of delicacy toward me (Moore) as his only reason for not recalling them."

Da Moore Hobhouse als [2] "an upright and honest man" betrachtete, entbehrte seine Ansicht jeder Grundlage, nämlich einer Entschlossenheit, seines Freundes Wünsche auszuführen, und so ging er nun zum ersten besten Entschluss über.

Am 15. Mai drückte Moore seine Bereitwilligkeit aus, das Werk Mrs. Leigh (Byrons treueste und nächste

---

[1] Russell II. 194.   [2] Russell III 374.

Verwandte) zur Beurteilung zu unterbreiten, doch erklärte er sich mit den Vorschlägen von Hobhouse und Kinnaird, dass man nämlich die Manuskripte zerstören und nicht lesen solle, nicht einverstanden. Er äusserte öfters, dass ein Teil der Manuskripte sehr gut verwendet werden könne, während Hobhouse auf deren vollständige Vernichtung drang. Weshalb er darauf bestand und Mrs. Leigh von der Notwendigkeit zu überzeugen suchte, ist unklar.

Die Thatsache, dass Moore mehr Vollmacht über die Manuskripte zu haben glaubte, als er wirklich besass, verkleinert keineswegs seinen Anteil, welcher ihm in der Sache gebührt, und wir müssen mit Prof. Garnett übereinstimmen, welcher diese Handlungsweise für vollständig uneigennützig hält.

[1]) Horton und Lottrell stimmten mit ihm darin überein, dass es ihm (Moore) erlaubt gewesen wäre, die 'Memoiren' nach Byrons Tode einzulösen, und zwar nach Verabredung innerhalb einer bestimmten Zeit; und dass diese Klausel einfach im Vertrag übersehen worden sei.

So war die Sachlage, als sich die für die Manuskripte interessierenden Persönlichkeiten versammelten, um die Angelegenheit zu ordnen.

Alle, mit Ausnahme von Murray und Moore, waren für unbedingte Vernichtung ohne weiteres Lesen derselben. Da die beschützende Stellung, die Moore den Memoiren gegenüber eingenommen hatte, teilweise durch die Hobhouse mitgeteilten Notizen Byrons aufgehoben war, schlug derselbe nun vor, man möge wenigstens die unangreifbaren Stellen, wenn nicht das Ganze, an einem sicheren Orte aufbewahren, bis es gelesen werden oder Teile davon veröffentlicht werden könnten. Ebenso Murray; als aufrichtiger Freund Byrons; gestützt auf Prinzipien, welche nur g e g e n die Vernichtung stimmen konnten, glaubte er das Beste des Schöpfers der Memoiren im Auge zu haben. Er war ein Mann, für den Nichols Urteil "a brave man" im vollsten Sinne des Wortes galt, da er über die Lage vollständig unterrichtet war.

---

[1]) Russell IV, 190.

Alle Für- und Widerreden der Schlusssammlung werden wohl niemals bekannt werden, man weiss, das Manuskript wurde vernichtet und durch einen falschen Bericht das Gerücht verbreitet, dass einer der Versammelten Moore habe halten müssen, während man die Mss. verbrannte, was Moore als Gegner kennzeichnet.

Nun kommen wir zu einem andern Punkte, in welchem Moore meistens nicht verstanden zu werden scheint, nämlich zu der Zahlung der 2000 £. Die meisten Kritiker betonen, erstens verdiene Moore alle Achtung dafür, dass er diese Summe Murray zurückgab, und zweitens Murray, dass er für das "Life" einen so hohen Preis zahlte. Doch einige Kritiker scheinen von dem ersten Punkte überhaupt nichts wissen zu wollen, betonen jedoch den zweiten als eine Zahlung eines guten Preises an Moore für das "Life" und die 2000 £ dazu, annehmend, dass diese entrichtet worden seien und zwar durch Murray von "Friends of Byron".

Jeaffreson, welcher diese Sache am ausführlichsten behandelt, sagt (317): "The facility with which Moore raised the £ 2000 (or guineas) from friends in the city for Mr. Murray's repayment must have struck the readers of this chapter as curious.

Friends in the city are seldom so obliging to a not rich poet, as to lend him so large a sum." [1]

Mit Rücksicht darauf, dass Moores Freunde sich nicht willig gezeigt haben sollen, ihm, dem "not rich poet", 2000 £ zu leihen, erinnern wir nur daran, dass es dieselben Freunde waren, welche ihm früher dieselbe Summe, ohne Sicherheit dafür zu verlangen, anboten.

---

[1] Am 28. Oktober 1821 schreibt Byron an Moore:
"I am of Longman's opinion that you should allow your friends to liquidate the Bermuda claim. Why should you throw away two thousand pounds upon that cursed piece of treacherous in veiglement. I think you carry the matter a little too far and scrupulously. When we see patriots begging publicly and know that Grattan received a fortune from his country, I really do not see why a man, in no whit with inferior to any or all of them, should shrink from accepting that assistance from his private friends which every tradesman receives from his connection, upon much less occasion."

Jeaffreson sagt weiter: "How Moore got the money is a mystery" 317. "Moore of course, borrowed the money on an understanding of some kind that he would not suffer from his alacrity in doing the Byron family an important service."

Diese Behauptung ist durchaus grundlos und auffallend ungerecht, wie die folgenden Thatsachen beweisen werden.

Zu der "mystery", woher das Geld kam, führen wir folgendes aus Moores Tagebuch an.

Am 15. Mai:

[1] "went to Longmans who promised to bring the 2000 £ (guineas) for me on Monday morning."

May 15. "occupied about the insurance of my life", um Longmans für die Anleihe zu sichern.

May 21. "went to Longmans to finish my insurance transaction."

Dass er aber vom Gelde der Familie Byron nicht abhängig war, ist durch folgendes bewiesen:

Oct. 10. 1826. "wrote to Longmans that I had been since I wrote last calculating my recources and that I found I should be able to settle my accounts with them at Xmas."

Dies schliesst natürlich nicht das Geld für Byrons 'Life' ein. Jeaffreson (324) sagt weiterhin:

"It is not of course, to be supposed that the late Mr. Murray paid Moore the prepropositerous sum of 770 £ for each of the six fudging little volumes of the 'Life'."

Wir stimmen mit Prof. Elze (512) dann überein, wenn er sagt: „Man muss Murray die Gerechtigkeit widerfahren lassen, dass er schliesslich durch das für Moores Biographie gezahlte Honorar von nicht weniger als 4620 Pfd. die verworrene Angelegenheit in anständiger Weise geschlichtet hat."

Ferner erkennen wir an, dass Murray in einer höchst ehrenhaften Weise während der Verhandlungen verfuhr und Moore einen „guten Preis" für das 'Life'

---

[1] Russell.

gab, doch nicht, dass er ihm 2000 £ mehr zahlte, als was es wirklich wert war. Zuerst hatte er an Moore 2000 £ für die Memoiren allein bezahlt, welche mit den Zinsen vor Byrons Tode auf 3000 £ geschätzt wurden. Byrons Memoiren und Moores Lebensgeschichte repräsentierten zusammen natürlich einen weit höheren Wert, da sie alles Wünschenswerte enthielten.

Waren 4620 £ zu viel für das ganze 'Life' and 'Letters" von dem Manne, welchen Macaulay "the most celebrated Englishman of the nineteenth century" nannte, wo die folgenden Preise gezahlt wurden und als gute, berechtigte Preise galten?

Moore's Journal[1] . . .	3000 £
Lalla Rookk	3000 „
Child Harold III + IV und Manfred	4000 „
Campbell's 'Specimens of the Brit Poets' . . .	3000 „
Eustace's[2] 'Culture of the youthful mind' . . .	2000 „
Irving's 'Columbus' . . .	3000 „
Mrs. Rundell's 'Cookery' .	2000 „

Byrons Freunde würden Murray sicher einen grossen Dienst erwiesen haben, wären sie für ihn eingetreten, er hätte das 'Life' dann für nur 2600 £ einlösen können; auch lag es in seinem Interesse, die Werke zusammen herauszugeben.

Moore betrachtete den Preis als nicht zu hoch, sonst hätte er ihn sicher in seinem Tagebuch als einen "excellent price" oder mit etwas ähnlichem bezeichnet. Wäre man mit dem Gedanken umgegangen, Moore durch Murray zu honorieren, so würde Hobhouse ohne Zweifel davon gewusst haben; dieser gab Moore jedoch ausdrücklich den Rat, das 'Life' nicht zu schreiben, und als

---

[1] Es muss noch erwähnt werden, dass das 'Life', gerade weil es Moores Arbeit war, mit einem höheren Wert eingeschätzt wurde.

[2]) Von dem Hobhouse sagte: "appears never to see anything as it is."

sein aufrichtiger Freund bat er ihn auch, das Geld von Byrons Freunden nicht anzunehmen.

Ich kann nicht umhin, anzunehmen, dass man Moore, da mehr Übertreibung als Wirklichkeit in dem Beschluss lag: [1] "if there was any power in law to make" hätte zwingen können, das Geld anzunehmen, da es sehr leicht auf seine Kinder hätte übertragen werden können.

Lady Byron bot Moore grossmütig an, die £ 2000 für ihn zurückzuzahlen; doch scheinen irgend welche Umstände die Ausführung dieses edlen Anerbietens verhindert zu haben.

Es wäre sehr zu bedauern gewesen, wenn Moore das "Life" nicht geschrieben oder veröffentlicht hätte:
[2] "It was indeed impossible that a tolerable biography should be written without the alliance of Moore and Murray, one having the best qualifications and the other the best materials", denn weil er die beste Befähigung hatte, betrachtete Byron ihn stets als seinen zukünftigen Biographen. So schrieb er im Jahre 1813:
[3] "You must edit my posthumous works, with a life" etc.

Er nahm immer an, dass Moore ihn überleben werde, und wie wir im ersten Teile dieses Kapitels gesehen haben, hörte er nie auf, unerschütterliches Vertrauen zu seines Freundes Billigkeit und Taktgefühl, sowie zu seinen guten Absichten zu hegen.

Überdies konnte Moore den Verlust der Memoiren mildern, da er sie innerhalb einer Woche nach Empfang zum erstenmal gelesen hatte und mit ihnen so vertraut wurde [4], dass er 1824 sagen konnte, es sei nichts darin, was nicht veröffentlicht werden könne,

---

[1] Russell, Page 73. [2] Rich. Garnett in Dict. of nat. Biogr. [3] Brief No. 311.

[4] Sowohl Elze (515) wie Nichols (98), vielleicht Trelawney folgend, bezweifeln Moores genaue Kenntnis der "Memoiren". Dies stimmt genau mit dem überein, was Byron zu Medwin (I, 30) darüber gesagt hat:

"There are very few licentious adventures of my own, or scandalous anecdotes that will affect others, in the book. It is taken up from my earliest recollections, almost from childhood, — very incoherent, and written in very loose and familiar style. The second part will provea good lesson to young

¹) "with the exception of three or four lines — in the second part"

und konnte mit Lord Holland die persönlichen Beziehungen zu Sir Samuel Romilly etc. besprechen, welche Persönlichkeiten möglicherweise Einwände gegen die Veröffentlichung erhoben hätten.

Russell schreibt, nachdem er das "Life" von Moore gelesen hatte: ²) "But on the whole the world is no loser by the sacrifice made of the "Memoires" of this great poet."

So hatte Moore zwei stichhaltige Gründe, seinen Wünschen gemäss das "Life" zu schreiben, erstens:

"the purpose of vindicating, as far as truth will permit, the memory of a celebrated man (und von seinem Freund dazu) who can no longer vindicate himself"

und zweitens brauchte er das Geld, da es ehrlich erworben werden konnte.

Die Geschichte der Verhandlungen ist ungefähr kurz folgende:

Der Vorschlag von Hobhouse war, zu einer Ausgabe der Werke Byrons ein von Moore verfasstes "Life" vorauszuschicken (was auch Moores Gedanke war), welches möglichst aus Byrons Briefen und Papieren zusammengestellt sein sollte. Murray dagegen wünschte das "Life" allein veröffentlicht zu sehen.

Doch am 26. Februar 1827 schreibt Murray: "by the advice of friends had come to the resolution of not publishing the Byron papers *at all*, neither those of his own, nor those the family had given him", da er beabsichtigte, seinen Kindern alles zu hinterlassen. Aber er bot £ 2800 für das von Moore selbst verfasste "Life". Dies Anerbieten wies Moore aus schwerwiegenden Gründen zurück; erstens habe er seinen früheren Verleger, Longman, nur aufgegeben, weil er das ganze Material vereinigen wollte ³), und zweitens weil Longman

---

men; for it treats of the irregular life I led at one period, and the fatal consequences of dissipation. There are few parts that may not, and none that will not, be read by women."

¹) Russell, May 15, 1824. ²) Nov. 4, 1821. IV 192. ³) Feb. 26, 1827.

ihn besser honoriere. Moore begann infolge dessen, aus dem ihm zur Verfügung stehenden Material ein Life allein für Longman zu schreiben, obgleich es ohne Zweifel so war, wie Hobhouse sagte:
"the duty of the executors (von Lord Byron) to try to make good Lord Byrons intentions of serving (Moore) in every way that lay in their power";
nämlich durch Übermittlung von allen möglichen Grundlagen.

Aber am 29. Jan. 1828 erhielt Moore
"a letter from Murray in which he says that the late book of Leigh Hunt has induced him to change his mind with respect to the publication of Lord Byron's papers",
so dass Moore im nächsten Monat, nachdem er Longman in dieser Angelegenheit befriedigt hatte, sofort alle druckfertigen Manuskripte aus Murray's Besitz erhielt, wodurch ein Werk geschaffen werden konnte, das man folgendermassen beurteilt:

Richard Garnett:
"If Goethe's saying be true, that he who has done enough for his own time has done enough for all times, its reputation will survive its circulation. It is exactly the Biography which the age required and is in every respect a model of tact and propriety";

Macaulay: "Considered merely as a composition, it deserves to be classed among the best specimens of English prose which our age has produced. — It would be difficult to name a book which exhibits more kindness, fairness and modesty";
es wurde dasselbe auch mit grossem Interesse aufgenommen und gleich auf Französisch übersetzt, so dass dadurch Moores Zeilen in den "Rhymes on the Road" berechtigt sind, wenn er von den Memoiren spricht:

"What thousands live
O'er the wide earth this instant, who would give
Gladly, whole sleeples nights to bend the brow
O'er these precious leaves, as I do now." [1])

---

[1]) Es liegt uns daran, bei Besprechung der Memoiren sehr auf die Einzelheiten einzugehen, und bemerken deshalb weiter,

III. Kapitel.
Byrons und Moores Einfluss auf einander.

Die Frage nach dem Einfluss, welchen gleichzeitige Schriftsteller auf einander ausübten, ist nicht leicht und um so schwieriger, wenn sie sich mit Zeitgenossen beschäftigt, die das ganze Leben hindurch intime Freunde waren, sich oft für ein und dieselben Dinge interessierten, meistens dieselbe politische Ansicht vertraten, sogar zur selbigen Zeit über gleiche Gegenstände schrieben, nachdem sie dieselben Bücher gelesen und dauernd über alle diese Probleme in einem lebhaften Gedankenaustausch standen. Wenn dieselben Ausdrücke gebraucht werden, ist es möglich, dass sie gleichen Quellen entstammen, wenn ihr Wortschatz derselbe, so ist es sicher der ihrer Zeit, und als Dichter werden sie häufig dieselbe äussere Form des Strophen- und Verbaues anwenden.

Eine solche Frage behandeln wir, wenn wir nachforschen, in welcher Hinsicht Byron und Moore einander als Dichter beeinflussten. Dass beide mehr oder minder stark auf einander einwirkten, steht ausser Frage, aber wessen Einfluss in dieser oder jener Hinsicht überwog, oder innerhalb welcher Grenzen er sich bewegte, ist eine komplizierte Frage. Wir finden bei ihnen beiden in ihrer Jugend den Übergang von erotischer zu patriotischer, ja revolutionärer Lyrik.

Beide behandeln zur selben Zeit orientalische Stoffe; in einem Falle hatte Moore sogar seine Arbeit aufgegeben, weil ihm Byron damit zuvorgekommen war. Später veröffentlichten beide Werke über dieselben

---

wenn Moore bei den Bemühungen um seines Freundes Memoiren nur auf Gelderwerb ausgegangen wäre, so würde dadurch der Glaube an die Aufrichtigkeit seiner Freundschaft gänzlich erschüttert worden sein.

Niemand, der alle Thatsachen, wie sie sind, ernstlich in Erwägung zieht, wird jedoch unseres Erachtens in dieser Angelegenheit etwas anderes erkennen als Moores ehrenhafte Handlungsweise.

Stellen der Heiligen Schrift, und in dasselbe Jahr fällt auch noch eine politische Satire, die ein und dieselben Personen angreift. Ja, wir finden Byron in seiner Jugend über Moores "Blue Stockings" scherzen, und in seinem reiferen Alter sehen wir ihn selbst ein 'Blues' herausgeben.

Wir haben uns in diesem Kapitel die Aufgabe gestellt, darauf einzugehen, in welcher Hinsicht die Gedanken beider auf gleicher Grundlage beruhen, und soweit als möglich nachzuweisen, was jedem von beiden den Impuls dazu gab.

Byron war sehr jung und unglücklich verliebt. Noch ehe er zehn Jahre alt war, liebte er Mary Duff mit solcher Hingabe, dass ihm der Eindruck dieser Leidenschaft zeitlebens nachging. So tief diese Leidenschaft war, so wenig ernst nahm Mary Duff sie auf, da sie ihr wohl nur als eine kindliche Flamme erschien. Im Alter von zwölf Jahren gewann seine Cousine Margaret Parker sein Herz. Dieser Fall ist dadurch verschieden von jenem, dass seine Liebe ernsthafter aufgenommen und auch erwidert wurde. Aber auch hier war ihm das Glück nicht hold, denn Margaret starb. Sehr wahrscheinlich würde Byron, wäre sie am Leben geblieben, eine ganz andere Färbung erhalten haben.[1)]

Das erste Gedicht in unserer Ausgabe der "Hours of Idleness" ist eine Klage über ihren Tod und ist mit der Jahreszahl 1802 unterzeichnet.

Margaret war tot, seine Mutter ihm am wenigsten geistesverwandt, seine Lehrer ihm unsympathisch und scheinbar ungerecht ihm gegenüber. So brachte das Jahr 1803 eine neue Liebschaft: Mary Chaworth überhäufte den temperamentvollen Knaben, unsern Byron, mit Gunstbezeugungen, welche ihm sicher einen tiefgehenden Eindruck machten, da er sie mit einer solchen Leidenschaft erwiderte, dass Mary dadurch hätte gewarnt sein sollen, falls sie ihn nicht aufrichtig liebte; so dass er, die Lippen zusammenbeissend, während sie

---

[1)] Vergl. Seite 17 dieser Arbeit.

tanzte, zurückgezogen, in stolzer Entsagung von einer Freude, welche er nicht geniessen konnte.

Hier kann man die ersten Zeichen seines späteren Pessimismus suchen, der unzweifelhaft durch Mary's herzlosen Ausspruch: "Do you think I could care anything for that lame boy?" bestärkt wurde. Wie tief solche Eindrücke auf ein leidenschaftliches Gemüt unter diesen Umständen einwirken, zeigt Byrons eifriges Lesen von Little und Camoëns,[1]) bei denen Weib, Schönheit und Tugend die Zielscheibe scharfer Satire bilden. Bei ihnen fand Byron all den Groll gegen das Geschlecht ausgesprochen, welches übel gegen ihn gehandelt hatte, und alle seine Zweifel an Tugend und Treue des Weibes bestärkt.

Hier sowohl wie in späteren Jahren war der Einfluss seiner Lieblingspoesie nicht dazu geeignet, ihn mit neuen Gedanken zu beseelen, aber er wies der Richtung seines eignen poetischen Geistes einen sicheren Weg und half ihm seine grundlegenden Gedanken in poetische Sprache umzusetzen.

Er studierte Little, bis er ihn auswendig konnte. Die über das weibliche Geschlecht so verdrehten und entstellten Ansichten 'Littles' und die unglückliche Form, in der diese Gedichte verfasst waren, mussten sowohl auf den Verfasser selbst, der Thränen der Reue über seine eigenen Dichtungen weinte,[2]) als auch auf Byron ungünstig wirken, der denselben nach seiner unberechenbaren Weise alles Üble zuschrieb, was er gethan oder geschrieben hat.[3])

Obgleich dieser Einfluss Littles in Byrons späteren Werken nicht offenbar an den Tag trat, so ist doch

---

[1]) Moores Byron, S. 39.
[2]) "So heartily", sagte Rogers, "has Moore repented of having published '*Little's poems*' that I have seen him shed tears — tears of deep contrition — when we were talking of them." (Table talk 281—82.)
[3]) Moores "Byron" 9. Juni 1820. "I have just been turning over '*Little*' which I knew by heart in 1803, being then in my fifteenth summer. Heigho! I believe all the mischief I have ever done or sung, has been owing to that comfounded book of yours."

das Gift, welches er hinterliess, oft wahrnehmbar. Byron war überraschend schnell begeistert und gewann eine grosse Hochachtung vor dem Dichter; die Gedichte blieben so fest in seinem Gedächtnis haften, dass er sie nach zehn Jahren noch auswendig wusste, 1813.[1]) Er hegte so viel Verehrung für den Dichter, dass als er "was angry with all the world" ... "I never disparaged your parts" in "English Bards" and "Scotch Reviewers".[2])

Ferner schrieb er voll überschwänglichen Lobes am 26. Februar 1808 an Rev. Becher: "It is nothing to be abused (durch die Edinburgh Review) when Moore — shares the same fate."[3]) Und 1806 sehen wir ihn eilen, um Moores neuerschienene Veröffentlichung zu kaufen.[4]) Ob nun Littles Gedichte Lord Byron [5]) beeinflussten,

---

[1]) An Thomas Moore 22. August 1813. "I remember when about fifteen reading your poems which I can repeat almost now, -- and asking all kinds of questions about the author, when I heard that he was not dead according to the preface; wondering if I should ever see him."

[2]) "This Little! young Catullus of the day
As sweet, but as immoral in his lay."
"Be warm but pure, be amorous but be chaste,
Cease to deceive, thy pilfered harp restore
Nor teach the Lucian bard to follow Moore."
28. August 1813. "In that thing of mine, "The Engl. Bards", at the time when I was angry with all the world, I never disparaged your parts, although I did not know you personally."

[3]) Es ist interessant, wie Jeffrey den auf 'Little' bezüglichen Tadel in seinem Kommentar über Moores quarto 1806 ausdrückt und letzterem genau denselben Fehler vorwirft, wie in späteren Jahren Lord Byron — einen Hang, allen Glauben an die Aufrichtigkeit der Tugend zu zerstören. — Russell 'Life of Moore' V, 182.

[4]) 12. Januar 1821. Byron's Journal: "I remember our buying, with vast alocrity Moore's new quarto (in 1806) ("Epistles, Odes and other poems"), and reading it together in the evenings."

[5]) Elze, Biographie Seite 43. — „Neben Littles (Moores) Gedichten, denen er die lebhafteste und nachhaltigste poetische Anregung verdankte." —
Weiser, Anglia I, 265: „Ein eigentliches Durchgreifen des Popeschen Einflusses ist in dieser Sammlung (Hours of Idleness) durch den rivalisierenden Moores verhindert." — Bemerkung zu Brief 220. "Of Moore's early poems Byron was an admirer. The influence of '*Little*' and '*Anacreon*' is strongly marked throughout 'Hours of Idleness'."

bedarf nach Erwähntem sicherlich keiner Erörterung mehr; es bleibt uns daher noch nachzuweisen übrig, in welchen Fällen sich dieser Einfluss am stärksten geltend machte.

Als Byron zuerst Littles Gedichte las, waren sie in der Form von 90 kurzen Stücken abgefasst, von denen 75 Liebesgedichte waren,[1]) und er gedachte ihrer auch nur als einer solchen Sammlung.[2])

Byrons "Hours of Idleness" enthalten in der Form, wie wir sie heute besitzen, 70 Stücke, 12 Imitationen und Übersetzungen, 18 biographische und wenigstens 28 Liebesgedichte. Dies ist ein viel geringerer Prozentsatz, als ursprünglich von den Liebesgedichten veröffentlicht worden war.[3])

Die Ähnlichkeit zwischen Byrons und Moores Werk fiel zahlreichen seiner Leser bei seinem Erscheinen auf.[4])

---

[1]) "That glory oft would claim the lay,
And friendship oft his numbers move,
But whisper then, that, sooth to say,
His sweetest songs were given to love!"
                                  Moores Works, S. 56.

[2]) Vergl. Engl. Bards und Briefe vom 9. Juni 1820; 26. Febr. 1808; 8. Dez. 1813; 13. Jan. 1807 u. a. a. O.; ungefähr 20 dieser Gedichte sind gewöhnlich in den neuern Ausgaben von Moores Werken ausgelassen, darunter die auffallenden Liebeskummergedichte.

[3]) Es war mir nicht möglich, eine Kopie der Originalausgabe zu erlangen.

Vergl. Brief an Messrs Banks 1813. "Contrary to my former intention I am now preparing a volume for the public at large. My amatory pieces will be exchanged, and others substituted in their places."

[4]) J. M. Pigot am 13. Januar 1807. "That unlucky poem to my poor Mary has been the cause of some animadversion *from ladies in years*.

I have not printed it in this collection in consequence of my being pronouced a most profligate sinner, in short a "young Moore";

Verleger zu Byrons Briefen, Bemerkung zu Brief 54:
"These are probably some silly lines 'To Mary' written in the erotic style of Moore's early verse."

Thomas Moore had already published 'Anacreon' 1800.
"The poetical works of the late Thomas 'Little' (1801) and Odes, Epistles and other poems" (1806). "In all especially in the second, the poetry was of an erotic character."

Über den Inhalt ihrer Gedichte schreiben unsere Dichter folgendes:

Moore.
"His sweetest songs were given to love."

Byron.
"Ye Rhymes, whose bosoms with fantasy glow
Whose pastoral passions are made for the grove
From what blest inspirations your sonnets would flow.
Could you everhave tasted the first kiss of love.
I hate you, ye cold compositions of art,
Tho' prudes may condemn me and bigots reprave
I court the effusions that spring from the heart,
Which throbs with delight with the first kiss of love."

Soviel von den Gedanken unserer beiden Dichter über den Hauptgegenstand ihrer Gesänge.

Betrachten wir jetzt, für wen sie ihre Dichtungen verfasst haben, — welches ihr Hörerkreis war.

Moore, Seite 56.
"Oh! if the song to feeling true,
Can please the elect, the sacred few,[1])
Whose souls, by taste and Nature taught,
Thrill with the genuine pulse of thought,
If some fond feeling maid like thee (commend)
And I would scorn the critics chide."

Byron, Seite 214.
"And yet while beauty's praise is thine
Harmonious favorite of the nine,
Repine not.
at thy lot.

Thy soothing lays may still be read
When persecution's arm is dead
And critics are forgot."

---

[1]) Am 8. Dezember 1813 schrieb Byron an Moore:
"Aucun homme dans aucune langue, n'a été, peut-être plus completement le poëte des femmes, les critiques lui reprochent de n'avoir représenté le monde ni tel qu'il est, ni tel qu'il doit être; mais les femmes respondent qu'il l'a représenté tel qu'elles le désirent!"
"I should have thought Sismondi had written this for you instead of Metastasio."

Byron III, 173.
"I fain would please the chosen few,
Whose souls to feeling and to nature true";
Byron an Banks am 6. März 1807:
"We coincide in the opinion that the "poésies érotiques" are most objectionable; they were however grateful to the deities on whose altars the were offered — More I seek not."

Einige Beispiele der Art und Weise, in welcher unsere Dichter ihren Gegenstand dargestellt haben, sind unten angeführt; aber die auffallende Übereinstimmung in der Wahl der zu behandelnden Themen und des gleichen anzuredenden Publikums ist von viel grösserer Wichtigkeit, als ihre Anwendung ähnlicher Ausdrücke und Vergleiche in verschiedenen Gedichten.

I. Moore 58.
"And do I then wonder that Julia deceives me,
When surely there's nothing in nature more common,
She vows to be true, and while vowing she leaves me
But could I expect anymore of a woman?
Byron III, 120.
"Woman! experience might have told me
That all must love thee who behold thee:
Surely experience might have taught
Thy finest promises are nought";[1])
II. Moore, Seite 84.
"Mary I believed thee true,
And I was blessed in thus believing";
Byron III, 121.
"Oh memory! thou choisest blessing
When joined with hope, when still possessing."

---

[1]) Hier, wie überall, zeigt sich die objektive Veranlagung Moores, die subjektive Byrons. Moores Dichtung war nicht seine persönliche Lebenserfahrung: — während Byrons Gemüt und Seelenthätigkeit nicht von seiner Poesie getrennt werden können.

Unter diesen Umständen können wir uns auch beider Dichter Übereinstimmung in ihren Liebesgedichten erklären, obgleich Moores Liebesleben ganz verschieden von dem Byrons war.

III. Moore 62.
"Love will never bear enslaving;
Summer garments suit him best:
Bliss it self is not worth having
If we're by compulsion blest."

Byron 168.
"Tho' women are angels,
Yet wedlocks the devil."[1])

IV. Moore 58.
"Oft I swore to love thee never,
Yet I love thee moore than ever."

Byron 4.
"I swore in a transport of young indignation
With fervent contempt ever to disdain you
I saw you, my anger became admiration
And now all my wish all my hope's to regain you."

Byron 121.
"But placed in all thy charms before me
All I forget but to adore the."

V. Little's Poems, I, Auflage 5.
"If in the dream that hovers
Around my sleeping mind,
Fancy thy form discovers
And paints thee melting kind.

If joys from sleep I borrow
Sure thoult forgive me this
For he who wakes to sorrow
At least may dream of bliss.

Oh! if thou art in seeming
All that I've e'er required,
Oh! if I feel in dreaming
All that I've e'er desired;

---

[1]) Don Jua nIII, 5. "Tis melancholy and a fearful sign of human frailty folly, also crime, — That love and marriage rarely can conbine."

> Wilt thou forgive my taking
> A kiss — or something more?
> What thou denyest me waking
> Oh! let me slumber o'er!"

Byron 122.

„When I dream that you love me, you'll surely forgive;
Extend not your anger to sleep;
For in visions alone your affections can live, —
I rise, and it leaves me to weep.
Oh! frown not sweet lady, unbend your soft brow,
Nor deem me too happy in this;
If I sin in my dream, I atone for it now
Thus doom'd but to gaze upon bliss." etc. etc.

Byron 159.

> "In sleep, if smiles in fleeting dreams
> The vision charms the hours away;
> And bids me curse Aurora's ray
> For breaking slumbers of delight
> Which make me wish for endless night."

VI. Moore 89.

> "I ne'er on that lip for a minute have gazed,
> But a thousand temptations beset me",

Byron 106.

> "When e'er I view those lips of thine,
> Their hue invites my fervent kiss."

VII. Little's Poems 68.

> "Looks tell the wanting
> Looks tell the granting
> Looks betray all that the heart would be at."

Byron 159.

> "But soul's interpreters, the eyes,
> Spurn such restraint, and scorn disguise."

VIII. Moore 58.

> "He thinks that an age of anxiety's paid,
> If he live but *a day*, he'll be surely betrayed."

Byron 122.
>   "Fondly we hope 't will last for aye
>   When lo! she changes in a day."

IX. Moore 68.
>   "I'll gaze and die, who would not die,
>   If death were half so sweet as this."

Byron, 122:
>   "To fate how I long to resign my frail breath
>   If this be a fortaste of heaven!"

X. Moore 84.
>   "Fare thee well! I'll think of thee,
>   Thou leave'st me many a bitter token;
>   For see, distracting woman see,
>   My peace is gone, my heart is broken!"

Byron 207.
>   "Oh! had my fate been joined with thine,
>   As once this pledge appeared a token,
>   These follies had not then been mine,
>   For then my peace had not been broken." [1])

XI. Moore 61.
>   "Then Rosa, soul to soul we'll meet
>   And mingle in eternity."

Byron 109.
>   "If again in the mansions of death
>   I embrace thee."

Byron 94.
>   "On thy dear breast I'll lay my head —
>   Without thee, where would be my heaven?"

Die "Occasional Poems", die vor 1809 geschrieben worden sind, sollten in Wirklichkeit zu den "Hours of Idleness" gehören und sind mit denselben behandelt.

---

[1]) Diese Strophe spiegelt den Eindruck von Byrons Liebe auf sein ganzes Leben wieder.

XII. Moore 88.
"Die when you will, you need not wear
At heaven's court a form more fair."
Byron 48. IV.
"On earth thou wert all but divine,"
XIII. Moore 66.
"How heavenly was the poet's doom,
To breathe his spirit through a kiss."
Byron 56. IV.
"And still our glowing lips would meet
As if in kisses to expire."
XIV.
Aus dem Gebrauch von so häufig angewandten Ausdrücken wie "ivy and oak" (Moore S. 40. Byron IV. 68) kann kein Schluss gezogen werden.

Als Dichter von Gesängen.

Kurz bevor Byron England verliess, schrieb er sein "Farewell to the Muse", in welchem er fragt:
"Can the lips sing of love in the desert alone,
Of kisses and smiles which they now must resign?
Or dwell with delight on the hours that are flown?
Ah, no! for those hours can no longer be mine."
Auf Moores "Little's Poems" und "Odes, Epistles and other Poems" folgen seine "Irish Melodies" und "Lalla Rookh", wie auch nach Byrons Liebesgesangsperiode ganz andere Dichtungen, von denen in dieser Abhandlung "Eastern Poetry", "Stanzas for Music" und die "Hebrew Melodies" besprochen werden sollen.

Obgleich wir den Einfluss von Little auf Byrons Poesie erkennen können, hat er sich doch bald verflüchtigt und ist in dessen Dichtung nicht mehr wahrzunehmen.

Es sind die "Irish Melodies", welche Byron in seinen „Stanzas for Music" und "Melodies" beeinflusst haben.

Da wir oben die "Occasional Pieces" erwähnten, wollen wir mit den "Stanzas for Music" beginnen. Ehe wir jedoch zu einer genaueren Betrachtung übergehen, mögen die Ansichten Byrons, Moores und anderer darüber angeführt werden.

Lord Russell, Moores zuverlässigster Biograph, sagt:
¹) "of English lyrical poets, he is surely the first. Beautiful specimens of lyrical poetry may indeed be found from the earliest times of our literature to the days of Burns, of Campbell and of Tennyson, but no one poet can equal Moore in the united excellence and abundance of his productions,"
was aber für viele Verehrer Byrons, Tennysons, Burns' Shelleys oder Shakespeares zu viel gesagt sein mag. Wir glauben, Lord Russell sprach von der Lyrik im engeren Sinne, d. h. die nicht nur für den Gesang geeignet, sondern eigens dafür geschrieben sei. In diesem Sinne äussert sich Christopher North, wenn er sagt:
²) "Now of all the song writers that ever warbled, or chanted, or sung, the best in our estimation is verily none other than Th. Moore",
und verglich weiter Moore und Burns, indem er Moore als Liederdichter den Lorbeer zusprach.

Auch Wülker, der sich mit Moore eingehender beschäftigte als irgend einer der Literarhistoriker in unserer Zeit, spricht dieselbe Ansicht aus:
„Thomas Moore ist derjenige Lyriker Grossbritanniens, der seine Dichtung stets eng mit der Musik verband und so eine ganz besondere Stellung einnimmt. Darin ähnelt aber übertrifft er Burns."

Wie hoch auch die Kritiker seiner Zeit und der Gegenwart ihn als Liederdichter geschätzt haben, für uns ist es doch wichtiger zu erfahren, was Byron selbst von Moore in dieser Hinsicht hielt, da es jenem, wie so vielen, grossen Schriftstellern ging, die
"practice, when engaged in composition to excite his vein by perusal of others; on the same subject or plan." ³)

---

¹) Russell I, XVII.   ²) Russell I, XXXIV.
³) Moores Byron 681.

Eins seiner Lieblingslieder, welche er mit Miss Pigot sang, war: "When time who steals away."

In seinem Tagebuch hatte er am 24. Nov. 1813 ein Dreieck gezeichnet, wobei er die Stellung seiner zeitgenössischen Dichter folgendermassen charakterisierte: "I have ranked the names upon my triangle more upon what I believe popular opinion, than any decided opinion of my own. For to me some of Moore's last Erin sparks — "As a beam o'er the face of the waters", — "When he who adores thee", "Oh blame not" und "Oh breath not his name" — are worth all the epics that even were composed."

Don Juan I 104: "and Anacreon Moore,
"To whom the lyre and laurels have been given,
With all the trophies of triumphant song,
He wore them well and may he wear them long."

In einem Briefe vom 2. Februar 1815 an Moore sagt er: "When first I met thee, has been quite ovewhelming in its effect; I told you it was one of the best things you ever wrote."

Am 8. Dezember 1813 schrieb er an Moore: "You cannot doubt my sincere admiration waving personal friendship for the present, which, by the by, is not less sincere and deep rooted. I have you by rote and by heart: of which ecce signum! when I was at Aston on my first visit, I had a habit of passing my time a good deal alone, and of — I won't call it singing, for that I never attempt except to myself — but of uttering, to what I think tunes, your "O, breath not", "When the last glimpse" and "When he who' adores thee" with others of the same minstrel; — they are my matine and vespers. I assuredly did not intend to be overheard, but one morning, in comes not *La Donna* but *Il Marito*, with a very grave face, saying: "Byron, I must request you won't sing any more, at least *those* songs." I stared and said: "Certainly but why?" — "To tell you the truth," quoth he "they make my wife cry, and so melancholy that I wish her to hear them no more."

Now my dear Moore, the effect must have been from your words, and certainly not from my music. I merely mention this foolish story to show you how much I am indebted to you for even your pastimes. A man may praise and praise, but no one recollects but that which pleases — at least, in composition."

Medwin gegenüber äussert er (II, 50):

Moore is one of the few writers who will survive "the age in which he so deservedly flourishes. He will live in his 'Irish Melodies' they will go down to posterity with the music; both will last as long as Ireland, or as music and poetry."

Der Countess of Blessington sagte er:

[1] "Moore will go down to posterity by his Melodies which are perfect."

Die 'Irish Melodies' [2] erschienen von 1807—1834 mit verschiedenen Unterbrechungen in zehn Nummern, jede zwölf Gesänge enthaltend, mit Ausnahme der letzten, welche aus vierzehn bestand.

Die ersten zwei Nummern erschienen 1807, die nächsten zwei 1811, die fünfte 1813, die sechste 1815 etc.[3]

Die ersten vier sind diejenigen, für welche Byron scheinbar das grösste Interesse hegte, ferner enthält die erste Nummer die meisten von den Gedichten, welche er mit Namen nennt.

Von Moores andern Gesängen scheint Byron wenig berührt worden zu sein — also von den 'Sacred Songs', 'National Airs' etc. Thatsächlich waren seine Geistesprodukte nach 1816, nachdem er England verlassen hatte, so verschieden von denen Moores, dass man aus ihnen kaum auf einen tiefen Einfluss Moores auf sie schliessen kann.

Von den 'Stanzas for Music' werde ich nur jene betrachten, welche ohne Zweifel zum Singen bestimmt waren, und das sind ihrer neun.[4]

---

[1] S. 6. [2] Vergl. Moore in Nat. Biogr. [3] 1826, Leipzig, "Moores Werke".
[4] Alle sind in Band IV enthalten.

I. 59. In "Fill the goblet again" ist Moores Einfluss auffallend in der Form sowohl als in der ganzen Ausführung des Sanges.

"Let us drink! — who would not: — since through life's varied round,
In the goblet alone no deception is found." [1]

Moore 62.
> "Tis not so sweet as woman's lip,
> But oh! tis more sincere."

II. Seite 106. 'Stanzas for Music'.
> "I speak not, I trace not,
> I breathe not thy name,
> There is grief in the sound
> There is guilt in the fame:"

Moore 196. [2]
> "Oh! breathe not his name,
>   let it sleep in the shade,
> Where cold and unhonour'd
>   his relics are laid."

III. 112. 'Stanzas for Music'.
"There's not a joy the world can give like that it takes away."

Moore 200.
"To which life nothing darker nor brighter can give." [3]

---

[1]) Die Ideen von Littles Gedichten haften noch!

[2]) Brief vom 10. Mai 1814.
"Thou hast asked me for a song and I enclose you an experiment which has cost me something more than trouble, and is, therefore, less likely to be worth your taking any in your proposed setting."
Vergl. auch die Briefe vom 23. November und 8. Dezember 1813; in beiden ist dieses Lied als eins seiner Lieblingslieder erwähnt.

[3]) Auch Motto zu Giaour, vergl. Brief vom 24. Nov. 1813.

Byron 113.

> "That heavy chill has frozen
>   o'er the fountain of our tears,
> And though the eye may sparkle
>   still, is where the ice appears."

Moore 85.

> "All night it (eine Thräne) lay
>   an ice-drop there,
> At morn it glittered in the ray!"

Byron 113.

> "Though wit may flash from
>   fluent lips, and mirth distract the breast," —
>
> Tis but as icy leaves around
>   the ruin'd turret wreathe,
> All green and wildly fresh
>   without, but worn andgrey beneath."

Moore 200.

> "So the cheek may be tinged with a warm sunny smile,
> Though the cold heart to ruin runs darkly the while."

Über dieses Gedicht schreibt Byron an Moore wie folgt:

March 2nd 1815.

"I feel merry enough to send you a sad song. You once asked me for some words which you would set."

March 8, 1815.

"An event — the death of poor Dorset set me pondering, and finally into the train of thoughts which you have in your hands. I am very glad you like them, for I flatter myself they will pass as an imitation of your style. If I could imitate it well, I should have no great ambition of originality — I wish I could make you exclaim with Dennis,

"That's my thunder by God."

IV. 'Stanzas', Seite 82—3.
"In vain my lyre would lightly breathe.
The smile that sorrow fain would wear
But mocks the woe that lurks beneath,
Like roses o'er a sepulchre."

Moore 200.
"So the cheek may be tinged with a warm sunny smile,
Though the cold heart to ruin runs darkly the while."

Vergl. den Brief vom 24. November 13.

V. Stanzas for Music.
"On earth thou wert all but divine."

Moore 89.
"*Die* when you will, you need not wear
At heaven's court a form more fair
Than beauty here on earth has given;"

VI. Kein Zitat aus diesen beiden Gedichten kann eine annähernde Idee von ihren Beziehungen zu einander geben; doch ist der Einfluss Moores auf dieses Gedicht Byrons auffällig für jeden, welcher mit Moores Liedern näher bekannt ist.

142—3. 'Stanzas for music'.
"And Memory wakes the thoughts that bless:
They rose the first — they set the last;"

Moore 70.
"The memory of the past will stay,
And half our joys renew."

VII. 'Song for the Luddites' S. 144 zeigt Moores Einfluss im Versmass und eine Ähnlichkeit der Ideen in Politik und wurde in einem Briefe am 24. Dezember 1816 an Moore gesandt.

VIII. 'Stanzas written on the road between Florence and Pisa' zeigen seinen Einfluss im Versmass am deutlichsten.[1]

---

[1] 1821 geschrieben und am 13. Dezember mit folgender Bemerkung an Moore gesandt: "I enclose you some lines written not long ago, which you may do what you will with."

IX. 'Stanzas' 165 sind im Anschluss an einen Hindugesang geschrieben, haben also mit Moore nichts zu thun.

Die übrigen 'Occasional Pieces' sind recht verschiedenartig und behandeln alle möglichen Themen. Sie sind in jeder denkbaren Form verfasst und von je 2 bis 120 Zeilen lang, so dass ihre Ordnung und eine Schlussfolgerung aus ihnen nicht möglich ist. Fünf sind Moore gewidmet und an ihn direkt gerichtet; unter diesen befindet sich das grossartigste Gedicht, der 'Farewell song', welcher bereits angeführt worden ist (S. 12).

Wenden wir nun unsere Aufmerksamkeit auf die 'Hebrew Melodies', aus deren Form, wie in derjenigen der 'Stanzas of Music', Moores Einfluss deutlicher hervorgeht, als aus ihrem Inhalt. Ihre Stoffe und Motive sind meistens der Bibel entnommen, besonders den Psalmen, welche Byron von Jugend auf vertraut waren.[1]

"Hebrew Melodies."

„Diese Gedichte wurden auf die dringenden Bitten von Byrons Freund Kinnaird gedichtet, um in Musik gesetzt zu werden, und 1815 veröffentlicht. Der Dichter scheint nie viel von ihnen gehalten zu haben."[2] Man wird sofort einwenden, dass Byron nicht viel von seiner Originalität in diesem Werk hineingelegt habe, und das ist thatsächlich der Fall.

---

[1] Moores Leben von Byron 12:
"She (seine Amme) also taught him while an infant, to repeat a great number of psalms."
Vergleiche auch: Wülker 508.

[2] Vergl. Wülker 508. Byron wrote to Moore Febr. 22, 1815.
"Curse the melodies and the tribes to boot. — I merely interfered to oblige a whim of Kinnaird's."
Und am 8. März 1815.
"Sun-burn Nathan! — why do you always twit me with his vile Ebrew nasalities? Have I not told you it was all Kinnaird's doing, and my own exquisite facility of temper?"

Jeffrey schrieb Moore am 4. November 1815.[1])

"The Hebrew Melodies, though obiously inferior to Lord Byron's other works, display a skill in versification" — und auch "There is rather a monotony in the subjects, but a sweetness of versification to which I know but one parallel" — mit welchem er die "Irish Melodies" meinte.

Wie die folgenden Auszüge darlegen sollen, beruht Moores Einfluss auf die "Hebrew Melodies" auf der Auswahl der Bibelstellen und nicht nur auf der Form, sondern auch auf dem Inhalt ihrer individuellen Behandlung. Auch wenn ein Psalm fast wörtlich wiedergegeben wurde, wie: "By the waters of Babylon they sat down and wept", könnte die Erinnerung nicht durch Moores Melodie: "Silent o'Moyle be the roar of thy waters" oder:

"As vanquished Erin wept beside
The Boyne's ill fated river"

hervorgerufen worden sein? Das Versmass wird im nächsten Kapitel zur Besprechung kommen.

Das Thema war so ähnlich den geschilderten Irländern, dass ein Schriftsteller behauptete, dieselben stammten von den Juden ab.[2])

Aus den Stellen, welche auffallende Ähnlichkeit aufweisen, sind die folgenden hervorzuheben:

I. Moore 225 'The Minstrel boy'.

"The harp he loved ne'er spoke again,
For he tore its chords asunder,

---

[1]) Russell's 'Life of Moore'.
[2]) Moores 'Parallel' (243).
"Yes sad one of Zion! if closely resembling,
In shame and in sorrow thy withered up heart,
If drinking deep, deep of the same cup of trembling
Could make us thy children, our parent thou art."

"These verses were written after the perusal of a treatice by Mr. Hamilton, professing to prove that the Irish were originally Jews."

And said. No chains shall sully thee,
Thou soul of love and bravery!
Thy songs were made for the brave and free,
They shall never sound in slavery!"

Byron 2.

The harp, the monarch Minstrel swept,
Redoubled be her tears, its chords are riven!

Byron 16.

"By the river of Babylon"[1)]
"They demanded the song; but oh never
That triumph the stranger shall know!
May this right hand be wither'd for ever,
Ere it string our high harp for the foe!"

II. Moore 243.

"Like thine doth her exile,
  'mid dreams of returning,
Die far from the home it
  were life to behold;"

Byron 4.

"But we must wander witheringly,
In other lands to die."

III. Moore 201.

"For then sweet dreams of other days arise,
And memory breathes her vesper sigh to thee."

Moore 205.

"On Lough Neagh's bank as the fisherman strays
He sees the round towers *of other days*."[2)]

Byron 14.

"How like thou art to joy, remembered well!
So gleams the past the light of other days."

[1)] Vergl. Wülker S. 508 und Psalm 137.
[2)] Moore wie Byron liebten den Ausdruck "other days" für die Vergangenheit anzuwenden (vergl. Macpherson-Ossian!).
Vergl. IV, 99 "stern and round towers of other days." Don Juan IV, 65 "Ancient days" 38 "youthful days" 39 "early days".

IV. Moore 203.
>   "So long shall Erins pride
>   Tell how they lived and died."

Byron 8.
>   "Thy fall, the theme of choral song
>   From virgin voices pour'd!"

V. Moore.
>   "So our hearts shall borrow a sweetening bloom
>   From the image he left there in dying."

Byron 8.
>   "Within our veins its currents be
>   Thy spirit on our breath!"

Die folgenden beiden Gedichte beziehen sich auf die Verwandtschaft zwischen Religion und Freiheit:

VI. Moore 212.
>   "The Irish Peasant to his Mistress!"
>   "Where shineth thy spirit, there liberty shineth too!"

Byron 5.
>   "How long by tyrants shall thy land betrod!
>   How long thy temple worshipless, o, God!"

VII. Moore 235.
>   "But like those harps whose heavenly skill
>   Of slavery, dark as thine, hath spoken —
>   Thou hang'st upon the willow still."

Byron 17.
>   "On the willows that harp is suspended,
>   Oh, Salem! its sound should be free."

Während es durch die gegebenen Beispiele nicht unmöglich erscheint, dass Moore einen erheblichen Einfluss auf Byrons Melodies ausübte, kann man es doch nicht sicher behaupten, da beide dieselbe Quelle benutzt haben.

Orientalische Gedichte.

Die Frage nach den orientalischen Gedichten ist bereits durch Thiergen aufs genaueste erörtert worden, deshalb ist es hier nicht meine Absicht, die Sache nochmals zu besprechen, nur möchte ich die Resultate und Ansichten anderer Schriftsteller über diesen Gegenstand erwähnen.

Garnett sagt: "Moore chose an eastern subject wisely (Lalla Rookk) for Byron had made the east the fashion."

Bleibtreu sagt: „Direkten Einfluss hat aber Byron geübt auf Moores Hauptdichtung "Lalla Rook".

Thiergen prüfte die folgenden Werke sorgfältigst:
    Child Harold II (1812),
    Giaour (1813),
    Siege of Corinth (1816),
    Bride of Abydos (1813)
    Corsair (1814) und Lalla Rookk (1817),
sowie   Evenings in Greece (1827).

Wie er[1]) sagt, zeige das Datum, dass Moores orientalische Dichtungen Byron nicht beeinflusst haben könnten. Dass Byron seinerseits Moore hierin nicht angeregt habe, beweise die gründliche Prüfung der Angelegenheit. Thiergen fand drei Stellen, welche bis zu einem gewissen Grade gleich waren, doch er sagt am Schlusse:

„Und so schliessen wir denn unsere Untersuchung mit der Behauptung, dass in den orientalischen Dichtungen Byrons und Moores keinerlei Einfluss des Einen auf den Andern zu entdecken ist; beide haben ihre orientalischen Werke vollständig unabhängig von einander verfasst."

Er weisst durch eine Liste von 49 orientalischen Werken, welche von 1754 bis 1814 erschienen waren, nach, dass das Interesse für die Sache bereits geweckt worden war.

---

[1]) Thiergen.

Moore schreibt über diesen Gegenstand im Jahre 1813:

[1]) "Never was anything more unlucky for me than Byron's invasion of this region (der Osten) which, when I entered it, was as yet untrodden (durch die Dichter seiner Zeit) and whose chief charm consisted in the gloss and novelty of its features, but it will now be overrun with chumsy adventurers, and when make my appearance, instead of being a leader as I looked to be, I must dwindle into an humble follower, — a Byronian. This is dishearting and I sometimes doubt whether I shall publish it at all."

Er schreibt an Powers, in demselben Jahre:

[2]) "Anticipated as I have been already in my Eastern subject by Lord Byron in his late poem, the success he has met with will produce a whole swarm of imitators in the same Eastern style, who will completely fly — blow all the novelty of my subject."

Moore musste sogar eine seiner Erzählungen aufgeben, weil sie in ziemlich demselben Stil schon von Byron behandelt worden war. In einem Briefe sagt er darüber:

"Lord Byrons last poem (Corsair) did give me a deep wound in a very vital part — my story; and it is singular enough for he could not have known anything about it."

"Heaven and Earth" und "The Loves of the Angels."

So umstritten die Frage nach Byrons Beziehungen zu "Lalla Rookh" ist, so sicher scheint es zu sein, dass er "The Loves of the Angels" einigermassen beeinflusst hat. In diesem Fall zeigt es sich wieder, dass Byron auf die Wahl des Stoffes keine Einwirkung ausübte, wohl aber auf die Grundlage, auf der er aufgebaut ist.

---

[1]) Russell VII, 134. [2]) Russell I, 349.

Richard Garnett spricht von der "affinity" zwischen "The Loves of the Angels" und Byrons "Heaven and Earth."

Bleibtreu (91) geht so weit, dass er es Moore durchaus nicht glaubt, wenn dieser sagt, die ganze Auswahl derselben Stoffe sei ein "accidental coincidence."

Moore sagt in seinem Vorwort:

"This poem, some what different in form and much more limited in extent, was originally designed as an Episode for a work about which I have been, at intervals, employed during the last two years. Some months since, however, I found that my friend, Lord Byron, had by accidental coincidence, chosen the same subject for a drama; and as I could not but feel the disadvantage of coming after so formidable a rival, I thought it best to publish my humble sketch immediately, with such alterations and addition as I had time to make and thus, by an earlier appearance on the literary horizon give myself the chance of what astronomers call an

heliocal rising etc."

Im Jahre 1820 veröffentlichte Moore folgende Zeilen:[1)]

"I have a story of two lovers fill'd
With all the pure romance, the blissful sadness,
And the sad doubtful bliss, that ever thrill'd
Two young and loving hearts in that sad passion.
But where to choose the region of my vision
In this wide vulgar world what real spot
Can be found out, sufficiently Elysian
For two such perfect lovers, I know not."

Obgleich es sich hier um nur zwei Liebende handelt, so ist die ganze Beschreibung der Geschichte einschliesslich der Unbestimmtheit des Platzes so abgefasst, dass kein Zweifel aufkommen kann, auf welche Geschichte er sich bezieht. So blieb die Geschichte wahrschein-

---

[1)] "Rhymes on the Road", Abteilung V in der Auflage von Moores Werken, verlegt durch „Bliss, Sands u. Co."

lich bis anfangs 1822 [1]) stehen, bis die „Deluge" ("Heaven and Earth" an Moore geschickt wurde.

Im Juni 1822 finden wir in seinem Tagebuch: "began a poem called: "The three Angels" (der Name ist später geändert), a subject on which I long ago wrote a prose story and have even since meditated a verse one. Lord Byron has now anticipated me in his "Deluge", but n'importe, I'll try my hand", und am 22. Juli schrieb er: "Just finished the first Angel's Tale".

So war denn genug Zeit dafür, dass Byrons mächtiges Drama sich in seinem Gemüt festsetzen konnte.

Byron äusserte Medwin gegenüber, dass [2]) Moore an demselben Text arbeite, und zur selben Zeit (Medwin S. 164) teilte er ihm mit, dass "Heaven and Earth" anfangs Oktober 1821 geschrieben sei. Kinnaird wollte die Herausgabe in England besorgen, doch fand sich kein Verleger dafür. Schliesslich veröffentlichte es Hunt im "Liberal."

Byrons Arbeit ist ein Drama von grosser Wirkung. "Founded on the following passage in Genesis Chapt. VI. "And it came to pass ... that the sons of God saw the daughters of men that they were fair, and they took them wives of all which they chose."

Diese Stelle hat Byron in der Interpretation benützt, die ihm am meisten zusagte. Die "Sons of God" erklärt man nämlich auf dreifache Weise; nach der einen Auslegung wären es Söhne von Fürsten, welche sich mit Töchtern niederen Standes vermählten und durch diese unebenbürtigen Ehen den Zorn Gottes erregt hätten; nach einer andern sind unter den Söhnen Gottes die frommen Sethiten zu verstehen, welche sich mit den Töchtern der Menschen, d. i. den Kainiten, vermischt hätten; nach der dritten Auffassung, und dies ist die

---

[1]) Russell III, 325. "Have been negotiating with Galignani for Lord Byron, who has given up publishing with Murray, and has sometings ready which he wishes to have published in Paris."

[2]) Medwin I, 165. "Moore is writing on the same text."

älteste, sind es Engel. Letztere Ansicht findet sich im Buch Henoch, Kap. VIII, Sektion 2 vor,[1]) auf welches Moore sich im Titel bezog, welchen er für sein Werk wählte, d. i.

"It happened, aften the sons of men had multiplied in these days, that daughters were born to them, elegant and beautiful, and when the Angels, the sons of heaven, beheld them, they became enamoured of them."

Also obgleich Byron seinen Text der Bibel entnimmt und Moore den seinen dem Buche Henoch, so herrscht doch kein Zweifel, dass beide derselbe Gedanke beherrscht — die Liebe der Engel zu sterblichen Töchtern der Erde. — Das sagt Moore in seinem Titel, und Byron bezieht sich immer auf seine Liebenden als Engel.

Seite 338 "since the angel loves me", Seite 339 "Seraph", Seite 356 "Angel"! what dost, Seite 357 "Angel! or whate'er thou art" etc.

Beide Dichter waren ärgerlich darüber, wie ihre Werke aufgenommen und aufgefasst worden waren.

Byron schrieb an Moore am 4. März 1822:

"The new mystery is less speculative than Cain and very pious"; doch konnte er keinen Verleger dafür finden.

Moore sagt in seinem Vorwort:

"and it has been my wish to communicate the same *moral* interest to the following pages",

aber sein Werk wurde so ernsthaft angegriffen, dass er nach der dritten Auflage beschloss, den ganzen grundlegenden Inhalt zu ändern.[2])

Der Teil von "Heaven and Earth", welcher uns angeht, ist die Geschichte der Engel.

Zwei dieser himmlischen Boten lieben zwei Töchter Cains, und ihre Liebe wird leidenschaftlich erwidert. Die Sündflut wird prophezeit, und die Zeit dafür ist

---

[1]) Mayn Seite 17 und Anmerkung zu Moores Vorwort.
[2]) Russell, Dee, 1822.

nahe. Die Engel kommen hernieder zu den Geliebten; aber auch Noahs Sohn liebt eine Tochter Kains, wird aber zum Schluss vom Vater gerettet. Während Japhet mit den Engeln und seinem Vater verhandelt, kommt der Erzengel Raphael, um den Säumigen Vorwürfe zu machen und sie an ihre Heimkehr zu mahnen. Diese weigern sich entschieden, ihre "Mistresses" zu verlassen. Die Sündflut bricht herein, überflutet die Erde, und die Engel fliegen mit den Geliebten davon.[1]) Moores Schilderung ist ganz anders. Die drei Engel erzählen ihre Liebe zu den sterblichen Frauen und die folgende Bestrafung. Die Geschichten sind in poetischen Rahmen gefasst. Die wichtigsten Beziehungen beider Dichtungen liegen in den Gedanken, welche sich die beiden Dichter über die Engelwelt machen, sowie über Engelfehler und -strafen. Die Grundstimmung beider Dichter ist die alte: es herrscht auch hier Moores Optimismus wie Byrons Pessimismus.

In beiden Gedichten sind die Empörer **Erzengel**, welche vom Himmel zur Erde gesandt und nach einer bestimmten Zeit zurückerwartet werden.

"*Heaven and Earth*", Seite 356.

"Aza: Knowest thou not, or forget'st thou, that a part
Of our great function is to guard thine earth?"

"*Loves of the Angels*", Seite 522.

"The term, too, of mystery was flown
And the bright Watchers near the throne" —

Es mussten alle dorthin zurückkehren, von wo sie gekommen waren, wenn sie nicht gestraft werden wollten.

---

[1]) Nichts weiteres ist von ihnen bekannt, obgleich Byron später Medwin mitteilte (I, 166—169), wie er es zu beenden beabsichtigte. — Doch wissen wir nicht, ob er sich mit dem Biographen nur einen Scherz erlaubt hatte. Er sagte, er würde ihnen den Zutritt zu verschiedenen Inseln in den Gefilden der Seligen verbieten und sie schliesslich zwingen, auf der Erde zu verweilen; doch die Frauen gehen in der Flut unter, und die Engel werden verdammt.

"*Heaven and Earth*", 363.

    "When all good angels left the world, ye stay'd,
    Stung with strong passions and debased
    By mortal feelings for a mortal maid."

"*Loves of the Angels*", 522.

    "The term too of mystery was flown"
    "Oft did the potent spell word given
    To envoys hither from the skies,
    To be pronounced, when back to heaven
    It is their hour or wish to rise,
    Come to my lips that fatal day.
    The word unfinished died away,
    And my checked plumes, ready to soar.
    Fell slack and lifeless as before."

"*Loves of the Angels*", 521.

    "And o'er whose brow not Love alone
    A blight had, in his transit sent,
    But other, earthlier joys had gone,
    And left their foot-prints as they went."

Auch diese beiden Gedichte enthalten dieselben edlen Grundgedanken von Selbstverleugnung.

"*Loves of the Angels*", 540.

    "To save one minute's pain to her,
    Let mine last all eternity."

"*Heaven and Earth*", 357.

    "I would resign the greater remnant of
    Of this little life of mine, before one hour
    Of thine eternity should know a pang."

In beiden Fällen geben die Engel willig den Himmel für ihre Liebe hin.

"*Loves of the Angels*", 523.

    "No matter where my wanderings were,
    So there she looked, moved, breathed about —
    Woe, ruin, death more sweet with her,
    Than all heaven's proudest joys without!"

"*Heaven and Earth*", 357.

"If they love as they are loved, they will not shrink
More to be mortal, than I would to dare
An immortality of agonies
   With Samiasa!"

Seite 368 in H. u. E.

 Sam: "We have chosen, and will endure"
 Aza: "He hath said it, and I say, Amen!"
 Raph.: "Again!
   Then from this hour,
   Shorn as ye are of all celestial power,
   And aliens from your God,
      Farewell!"

Die Bestrafung ist bei Byron nur vorgesehen, bei Moore jedoch wird sie ausgeführt, aber die Gedanken darüber sind ähnlich.

"*Heaven and Earth*", 357.

"Ye have shared man's sin, and it may be, now must
Partake his punishment."

"*Loves of the Angels*", 525.

"That minute from my soul the light
Of heaven and love both passed away;
And I forgot my home, my birth,
Profaned my spirit, sunk my brow,
And revelled in gross joys of earth."

Ein sonderbarer Anachronismus hat sich in beide Gedichte eingeschlichen in Bezug auf den Regenbogen vor der Sündflut.

"*Heaven and Earth*", 343.

"A mild and many color'd bow."

"*Loves of the Angels*", 535.

"like the bow,
called out of rain clouds, hue by hue."

Der Zug, dass die Engel nach einem Stern davonfliegen, findet sich nur bei Byron.

"*Heaven and Earth*", 371.
"A brighter world than this, where thou shalt breathe
Ethereal life, will we explore:
These darken'd clouds are not the only skies."

(Azaziel and Samiasa fly off, and disappear with Anah and Aholibamah.)

"*Loves of the Angels*", 525.
"It was yonder star I traced
Her journey up the illumined waste —"

Fast den Eindruck einer Antwort des einen auf des anderen Worte machen die folgenden Zeilen, welche diese Betrachtungen abschliessen mögen:

"*Heaven and Earth*", 339.[1])
"And when I think that his immortal wings
Will one day hover o'er the sepulchre
Of the poor child of clay which so adored him,
As he adores the Highest, death becomes
Less terrible, but yet I pity him
His grief will be of ages."

"*The loves of Angels*", 536.
          The thought
"That I must still live on, when she
Would, like the snow that on the sea
Fell yesterday, in vain be sought —
That Heaven to me the final seal
Of all earths sorrow would deny,
And I eternally must feel
    The death — pang, without power to die!"

"Rhymes on the Road".

Als Moore 1819 in Italien war und unter andern Orten auch Venedig besuchte, wo Byron sich aufhielt, führte er eine Art Tagebuch in Versform. Es ist in

---

[1]) Vergl. Mayn S. 46.

Abschnitte eingeteilt, von denen jeder verschiedene Themen behandelt, natürlich beziehen sich verschiedene derselben auch auf Byron und Moores Gedankenaustausch mit ihm.

Sie sind in einer Sammlung enthalten, welcher die Widmung voransteht: "To the right honourable Lord Byron,

My dear Lord Byron. — Though this volume should possess no other merit in your eyes than that of recalling the short time we passed together in Venice, when some of the trifles which it containes were written, you will, I am sure receive the dedication etc."

Der dritte Auszug ist überschrieben:

"L—d—B—'s Memoirs, written by himself —
Reflections when about to read them."

Der vierte Auszug enthält die Klage Byrons, welche wir so oft von ihm hören. Er beginnt mit der Frage:

"And is there no earthly place
Where we can rest, in dream Elysian
Without some cursed round English face,
Popping up near, to break the vision?"

Es war jedenfalls entstanden oder angeregt durch einige Äusserungen Byrons nach einem Zwischenfall, wie ihn Moore hier berichtet [1]):

"He (Byron) expressed in strong terms his annoyance at what he called their impertinence, whilst I could not but laugh at his impatience, as well as at the mortification of the unfortunate pedestrians whose eagerness to see him, I said, was in my opinion highly flattering to him, — the curiosity that was expressed by all classes of travellers so see him and the eagerness with which they attempted to pick up any anecdotes of his mode of life, were carried to a length which can hardly be credited. It formed the chief subject of their inquiries of the gondeliers who con-

---

[1]) Anmerkung zu Prothero IV, 387.

veyed them from *Terra Firma* to the floating city — Many English visitors, under pretext of seeing his home — contrived to obtain admittance through the cupidity of his servants, and with the most bare faced impudence, forced their way even into his bed-room, in the hopes of seeing him; hence arose, in a great measure, his bitterness towards them."

Politische Beziehungen.

Mit der Besprechung der

"*Fables of the holy Alliance*"

gelangen wir zu einer Betrachtung der politischen Ansichten beider Dichter.

Am 4. Januar 1812 schrieb Moore:

"There is no guessing what the prince Regent means to do; one can as little anticipate his measures as those of Buonaparte, but for a very different reason. I am sure the powder in his Royal Highness's hair is much more settled than anything in his head, or indeed heart, and would stand a puff of Mr. Percival's much more stoutly."

Zwei Monate später erschien Byron's

"Lines to a lady weeping."

"Weep, daughter of a royal line,
A Sir's disgrace, a realm's decay;
Ah happy if each tear of thine
Could wash a father's fault away etc."

Diese Verse waren Moore eine lange Zeit zugeschrieben, und man nahm an, dass sie mit seinen Gefühlen vollständig übereinstimmten. Ein heftiger Angriff gegen Byron veranlasste (1814) seinen Brief (411) an Moore:

"I believe that most of our hates and likings have been hitherto about the same; but from henceforth of necessity, they must be one and indivisible — and now for it! I am for any weapon, — the pen, till one can find something sharper etc."

Von 1817 ab finden wir Byron Castlereagh bei jeder Gelegenheit angreifend.

Prothero sagt in einer Bemerkung zu Brief 645: "Byron's abhorrence of Castlereagh was purely political, and probably in its origin, due to Moore."

In diesem Briefe sagt Byron:

"and be damned to it (äusserliche Verwaltung) to its last clerk and first charlatan Castlereagh."

worin er von Castlereagh besonders in Verbindung mit Irland spricht.

"Don Juan, Dedication"
11. und 12.
" — —   Castlereagh".

"Cold-blooded, smooth faced,
  placid miscreant!
Dabbling its sleek young hands
  in Erin's gore."

In dieser Verbindung ist es interessant zu hören, was Byron über Moores grosse politische Satire sagt (Tagebuch 22. November 1813): "By the by, what humour, what every thing in the post-bag. There's nothing Moore cannot do. etc."

Hier finden wir die folgenden Zeilen:

"So the snaffles, my dear, were agreed to new, con.
And my Lord Castlereagh, having so often shone,
In the fettering line, is to buckle them on,"

welche sich auf Irland beziehen.

Im Briefe 769 sandte Byron Moore die

"Epigrams on Castlereagh".

"Posterity will never etc.",

und in demselben Jahr schrieb er unter dem 5. November:

"I am glad of your epigrams. It is odd that we should both let our wits run away with our sentiments; for I am sure we are both queen's men at bottom."

Ich glaube annehmen zu können, dass Byrons respektvolle Erwähnung Wellingtons auf Moores Einfluss zurückgeht oder seiner Achtung vor ihm als Moores Landsmann.

1815 (im Brief 539) schrieb er (Byron) an Moore: "From this (seinen Kommentaren über die Verbündeten gegen Napoleon I.) however, Wellington must be expected. He *is* a man — and the Scipio of our Hannibal."

1821 verfasste Moore seine herrlichen "Lines written on hearing that the Austrians had entered Naples":

"Aye down to the dust with them — slaves as they are,
From this hour, let the blood in their dastardly veins,
That shrunk at the first touch of liberty's war,
Be sucked out by tyrants, or stagnant in chains"

und endend:

"For if such are the braggards that claim to be free,
Come, despot of Russia, thy feet let me kiss —
Far nobler to live the brute bondman of thee,
Than to sully ever chains by a struggle like this."

Byron antwortet mit:

"Or, if aught in my bosom can quench for an hour,
My contempt for a nation so servile though' sore,
Which though trod like the worm will not turn upon power,
Tis the glory of Grattan, and genius of Moore."

In dem Briefe (934), in welchem er den "Avatar" beifügte, sagte er zu Moore: "Can you forgive this? It is only a reply to your lines against my Italians."

Er liebte seine Italiener, doch weder diese Verehrung noch irgend etwas anderes konnte die Liebe für sein Vaterland verringern, obgleich er die Generation hasste, welche es zu seiner Zeit bewohnte.

1819 bemerkte er Hobhouse gegenüber (753):

"I feel no love for the soil after the treatment I received before leaving it for the last time";

und letzterer gründete wahrscheinlich seine Ideen auf diese und andere Aussprüche, in welchen ihm Nickol (121) folgte im Gegensatz zu "Moore and others", welche "insist that Byron's heart was at home when his presence was abroad, and that with all her faults he loved his country still." Die folgenden Belege unterstützen Moores Theorie (327):

"Nay, I always wish him (Napoleon) success against all Countries but this." —

(688) im Jahre 1818:

"As I did not write *to* the Italians, nor *for* the Italiens nor of the Italiens,"

sondern nur an, für und über England. Und wird jemand eine Reihe von Werken über ein Volk oder Land schreiben können, für das er absolut kein Interesse hegte?

Child Harold V, 8. 9.

"Yet I was born where men are proved to be,
Not without cause; and should I leave behind
The inviolate Island of the sage and free
And seek me out a borne by a remoter sea,

9.
Perhaps I loved it well; and should I lay
My ashes in a soil which is not mine,
My spirit shall resume it — if we may
   unbodied choose a sanctuary.
I twine my hopes of being remembered in my line
With my lands language."

Er hasste die bessere englische Gesellschaft seiner Zeit, aber er hatte die Liebe zum Vaterland genau so, wie sie Heine besass.

1823 gab Byron sein "Age of Bronze" und Moore die "Fables for the holy alliance" heraus. Es ist möglich, dass sie ihre Pläne und Entwürfe zu diesen beiden Werken mit einander in Italien besprochen hatten. "The holy alliance" wurde häufig von Byron erwähnt, doch wusste er niemals etwas Lobendes darüber zu sagen. Da keiner der Verfasser das Gedicht des andern vor der Veröffentlichung gesehen hatte, kann man wohl kaum von direktem Einfluss beider aufeinander reden; aber es ist doch sehr wahrscheinlich, dass Byron die Ansichten Moores über die "Alliance" mittelbar beeinflusst hatte.

Gesang VIII von "The Age of Bronce" giebt Byrons Urteil darüber in kompakter Form.

"The blest Alliance which says three are all,
An earthly trinity which wears the shape
Of heaven's as man is minich'd by the ape.
A pious Unity! — in purpose one —
To melt three fools to a Napoleon.
Why Egypts Gods are rational to these;
. . . .
. . . .
Ah! how much happier were good Aesop's frogs
Than we! for ours are animated legs,
. . . .

Obgleich diese Gedichte nicht von einander beeinflusst sein können, zeigen sie doch auffallende Ähnlichkeiten, welche wahrscheinlich durch die Unterhaltung der Dichter über diese Themen veranlasst worden sind.

Moore sagt uns am Anfang seines Werkes, dass es ein Traum sei, und Byron warnt uns am Ende vor dem Verdacht, dass seine Arbeit ein solcher sei. In der ersten "Fable" träumt Moore von

"the dissolution of the holy alliance"

und beschreibt einen grossen Ball in einem Eispalast,

"Half through a polonaise"
... "Upon the Nerva's flood",

bei welcher Gelegenheit dem Zaren ein Unfall zustösst.

Byron:

"Resplendent sight!
Behold the coxcomb Czar
The Autocrat of waltzes and of war.

Moore:

"The indignant Czar —
Dissolves to nothing in the blaze."

Byron:

"The Czar",
Now half dissolving
in a liberal thaw."

"The Blues" and "The Blue stockings."

Wie oben bereits gesagt ist, hasste Byron die englische Gesellschaft seiner Zeit, und eine Klasse ganz besonders, wobei er Moores aufrichtige Sympathie hatte — die sogenannten "Blues".

1811 schrieb Moore „M. P. or the "Blue Stockings", a comic Opera in three acts", über welche sich Byron in folgender Weise äusserte:

"Good plays are scarce
So Moore writes farce:
The poets fame grows brittle —
We knew before
That Littles Moore
But now 'tis Moore that's little."

Möglicherweise hatte Byron alles von diesem Werke vergessen, als er im Jahre 1823 "The Blues, a literary Eclogue", über dasselbe Thema schrieb.[1] Diese zwei Werke sind interessant für uns, weil sie zeigen, wie ähnlich die Gedanken der beiden Dichter über "Lady Bab Blues" und "Lady Blue Cottle's, — über die Glücksritter und Stutzer wie über die heiratssüchtige junge Dame waren.

---

[1] Veröffentlicht im III. Bande der von Moore herausgegebenen Werke (Gibbings', London 1891); ich habe übrigens in keiner andern Ausgabe dieselben gesehen.

Religion.

Obgleich Donner (97—110) Byrons Weltanschauung vollständig behandelt hat, mag es nicht zu weit führen, wenn wir einige Bemerkungen über die nahe Verwandtschaft der seinigen mit der Moores hinzufügen. Wie in dem oben erwähnten Werk klar dargelegt ist, hat Byron niemals den Glauben an ein zukünftiges Leben der Seele irgend welcher Art aufgegeben. Trotzdem Shelleys Einfluss [1]) in negativer Richtung gross gewesen sein mag, bewahrte Byron doch seinen Glauben an das Christentum, wenn er auch viele seiner Bestandteile für gekünstelt und unnötig hielt. Ich glaube jedoch, wenn es mich auch zu weit führen würde, hier diese Frage gründlich zu erwägen, dass Moore einen Einfluss auf Byron in dieser Hinsicht ausgeübt hat. Ein Mann von so reinem und aufrichtigem Charakter, voller Liebe zu seinem Schöpfer und seinen Mitmenschen, war sicher zur gleichen Zeit so rationell und undogmatisch, dass Byron durch diesen Charakterzug sich sympathisch berührt fühlte, ohne fürchten zu müssen, durch ein weniger feines Humanitätsgefühl abgestossen zu werden. Als Moore ihm 1822 Einwendungen machte gegen die Möglichkeit eines Einflusses Shelleys, antwortete er kurz gegen die Landeskirchen-Gemeinde und fügte hinzu:

"do not let me be misunderstood. If you speak your *own* opinion, they ever had and will have the greatest weight with me."

Und nochmals: "I don't much care what the wretches of the world think of me — all that's past. But I do care a good deal what you think of me — and so, say what you will."

Und in Bezug auf Allegra, seine natürliche Tochter, sagt er: "The girl shall be a Christian and a married woman, if possible."

---

[1]) Gillardson's Dissertation "Shelley and Byron".

"If I had not been a Christian already, I should probably have been now."

"But the child shall not quit me again (um Shelley zu besuchen) to perish of starvation, and green fruit, or be taught that there is no decty."

Versbau.

Die folgenden Äusserungen gewähren uns einen Einblick in die Ansichten unserer beiden Dichter über ihre gegenseitigen dichterischen Vorzüge.

Moore schrieb über Byron:[1])
"He could not write anything bad, but he would have been much finer if he had taken more time about it."

Und Byron sagte zu Lady Blessington (233—235):
"I never spent an hour with Moore without being readly to apply to him the remark attributed to Aristophanes; "Thou hast spoken roses", und verglich weiterhin Moores Werke mit "a valley of diamonds." Moore bewundert selten Byrons Versform, wohl aber ist er begeistert von der Tiefe und Feinheit, vom Inhalt seiner Werke, und Byron liess sich gern von seinem Freunde in der Fassung seiner Gedanken beeinflussen.[2])

---

[1]) Russell VII, 152.
[2]) Zu Brief 324. In his first edition of "The Giaour" he had used this word as a trisyllable.
"Bright as the gem of Giamschid" —
but on my remarking to him, upon the authority of Richardson's Persian Dictionary, that this was incorrect, he altered it to:
"Bright as the ruby of Giamschid."
On seeing this however. I wrote to him that as the comparison of his heroine's eye to a "Ruby" might unluckily call up the idea of its being bloodshot, he had better change the line to:
"Bright as the jewel of Giamschid"
which he accordingly did in the following edition.

Als das leichte Missverständnis zwischen beiden aufkam, war es der Inhalt vom 'Don Juan", über welchen Moore sich beklagte, und Byron bedauerte, dass Moore kein so grosser Klassiker sei wie Pope.

Da diese Thatsachen feststehen, ist es leicht anzugeben, welcher von beiden den Versbau des andern am meisten beeinflusste; und bei der Besprechung ihrer Verwandtschaft in dieser Hinsicht werden wir uns vor allem mit dem Einfluss Moores auf Byron zu beschäftigen haben und so insbesondere des letzteren Versbau betrachtsn.

Wie zu erwarten, wendete Byron in seinen lyrischen Gedichten eine grosse Menge verschiedenster Formen an: von zweifüssigen bis zu siebenfüssigen Versen (IV, 112) und spricht von sich selbst:

"your man of all measures" (V, 108).

Diese grosse Verschiedenheit der Versmasse ist auf mehrfache Weise erklärt worden. Manche schreiben sie einfach einem Mangel an Sorgfalt zu und weisen dabei hauptsächlich auf den häufigen Wechsel der Versform in ein und demselben Gedicht hin. — Byron sagte, dass er denselben absichtlich vorgenommen habe, zu dem Zwecke, die Form dem Inhalt möglichst anzupassen, und wir haben keinen Grund, seinen Ausspruch anzuzweifeln.

Wie bereits gezeigt worden ist, war Byron in seiner frühesten Jugend stark von Pope abhängig (vgl. Weiser), und in der That bezeichnet er ihn als einen der grössten Meister und seine Versformen als die vollendetsten. Aber er entdeckte sehr bald, dass die heroische Strophe nicht allen Richtungen seines Genius angepasst sei, und er wandte sich daher in kurzen Gedichten zwei andern Versmassen zu, nämlich dem jambischen und anapästischen Vierheber. Diese drei Meter wendete er in ungefähr gleichem Verhältnis in kürzeren Gedichten an.

In den "Hours of Idleness" finden wir 12 jambische fünffüssige, 22 jambische und 15 anapästische vierfüssige Versmasse in einer Gesamtheit von 68 Gedichten.

In den "Hebrew Melodies" giebt es 5 jambische fünffüssige, 11 jambische und 6 anapästische vierfüssige Versmasse unter 23 Gedichten. In den

"Occasional and Domestic Pieces"

15 jambische Pentagodien, 63 jambische und 18 anapästische Tetrapodien unter 129 Gedichten, d. h. im ganzen 32 jambische Pentagodien, 197 jambische Tetrapodien in 220 Gedichten.

Den heroischen Vers dürfen wir Popes Einfluss zuschreiben. Der jambische vierhebige Vers ist immer eine Lieblingsform der englischen Dichter gewesen, und so können wir aus seinem Gebrauche nur einen sehr unsicheren Schluss ziehen. Moores Einfluss mag dazu beigetragen haben, dass Byron eben diese Form so häufig anwandte, ebenso wie Scott[1]) und viele andere. Sie wurde von Scott wie von Byron in solchem Umfang verwendet, dass die "British Review" am Giaour tadelte:

"Lord Byron has had the bad taste to imitate Mr. Walter Scott."

Byron antwortete in seinem Briefe vom 12. Oktober 1813: "Scott, I no farther meant to follow than in his lyric measure, which is Gray's, Milton's and anyone's who like it"

und am 26. April 1814:

"I certainly never intended to copy him: but if there be any copyism, it must be in the two poems (Giaour and Bride of Abidos), where the same versification is adopted."

Was dagegen die anapästischen Verse und besonders den anapästischen Tetrameter anbetrifft, so möchte ich behaupten, dass dessen Anwendung fast allein dem Einfluss Moores zuzuschreiben ist, und das ist es hauptsächlich, was ich in diesem Kapitel beweisen will. Diese Versform ist von andern englischen Dichtern sowohl vor als zu Moores und Byrons Zeit angewendet

---

[1]) Vergleiche Weiser. Vergleiche Thiergen.

worden, aber kein Dichter hat sie in so ausgedehntem Mase gebraucht oder sie zu solcher Vollendung gebracht wie Moore. Seine "Irish Melodies", welche Byron unter allen Dichtungen Moores am meisten wert waren, enthalten 108 Lieder,¹) wovon 38 im anapästischen Tetrameter abgefasst — der Anapäst überwiegt in drei andern und kommt in 26 weiteren vor, d. h. er findet sich in ungefähr zwei Dritteln der Gedichte und ist in mehr als einem Drittel ²) fast ausschliesslich angewandt.

Byron besingt Moore in sechs seiner kurzen Gedichte (Vol. IV, 78, 100, 108, 143, 150, 152) — zwei davon sind nur unbedeutend, und drei sind anapästische Tetrameter. Drei der schönsten kleineren Gedichte stehen in direkter Beziehung zu Moore. ³) Zwei davon sind anapästische Vierfüsse. Byron erwähnt fünf von Moores "Irish Melodies" ⁴) als seine besonderen Lieblingslieder, und alle sind in demselben Versmass; aus ihnen ist auch das Motto zum "Giaour" entlehnt.

Wenn wir die Behandlung des Versmasses bei beiden Dichtern näher untersuchen, so werden wir noch weitere Übereinstimmungen zwischen beiden finden.

Schipper sagt: „In der Regel beginnt der Vers mit einem Jambus und verläuft dann weiter in anapästischen Ryhthmen, für die aber auch gelegentlich wieder ein Jambus eintreten kann, ebenso wie ein Anapäst für den Jambus des ersten Verfassers.

Beide Dichter wandten den Vers in seiner regelrechten Form an." ⁵)

---

¹) In der Ausgabe, welche ich gebrauchte; in andern sind 124.

²) Dieses Versmass ist in viel grösserem Verhältnis in den früheren "Irish Melodies" als in den späteren angewandt.

³) Vol. IV, 106: "Thou hast asked me for a song and I send you an attempt": Seite 112. Byron nennt dieses eine Nachahmung von Moore: Seite 165 — welches er an Moore zur Komposition sandte.

⁴) Moore 196: "Oh breathe not his name", 197: "When he who adores thee", 199: "Though the last glimpse of Erin", 200: "As a beam o'er the face of the waters", 208: "Oh blame not the bard."

⁵) Schipper 411: „Erwähnungswert sind noch einige, bei Th. Moore vorkommende, hierhergehörige Verse wegen der Art

Byron: IV, 42.
"This bosom responsive to rapture no more
Shall hush thy wild notes, nor implore thee to sing."
III, 110.
"Away with thy fictions of flimsy romance;
Those tissues of falsehood which folly has wove!"
III, 126, 193, etc. etc.
Moore: 154.
"Alone by the Schuylkill a wanderer roved,
And bright were its flowery banks to his eye;"
196.
"Oh! breathe not his name, lot it sleep in the shade
Where cold and unhonour'd his relics are laid."
221, 251, etc. etc.

Aber beide Dichter verwenden ihn auch mit fast allen möglichen Veränderungen. Der Gebrauch weiblicher Endungen[1]) ist besonders häufig bei ihnen, und auch darin scheinen sie übereinzustimmen, dass sie ihn meistens anwenden, um dem Verse das Gepräge des Leichten zu verleihen. Diese Endung ist manchmal nur die erste Silbe eines unvollständigen Anapäst in der nächsten Zeile, jedoch nicht immer.

Byron IV, 40.
"O, Anne! your offences
to me have been grievous;
I thought from my wrath
no atonement could save you

But woman is made to
command and deceive us —
I look'd in your face and
I almost forgave you."

---

der Zusammensetzung aus jambischen und anapästischen Takten. So sind z. B. in dem Gedicht "In the Morning of Llfe" (237) die Verse fast ganz anapästisch gebildet. Einzelne jambisch beginnende Verse kommeu jedoch auch vor."

[1]) Diese bestehen oftmals in einem unbetonten Worte am Ende der Zeile, doch öfters einer unbetonten Silbe.

B. 165.

    "What are garlands and crowns
       to the brow that is wrinkled?
    'Tis but as a dead-flower with
    May-dew besprinkled.
    Then away with all such from
       the head that is hoary!
    What care I for the wreaths that
       can *only* give glory?"

Moore 58.

    "And do I then wonder that
    Julia deceives me,
    When surely there's nothing in
       nature more common:
    She vows to be true and in vowing
       she leaves me —
    But could I expect any
       more from a woman?"

89.

    "I ne'er on that lip for a minute
       have gazed,
    But a thousand temptations
       beset me,
    And I've thought, as the
       dear little rubies you raised,
    How delicious t'would be
       — if you'd let me!

Noch eine andere Variation findet sich bei beiden Dichtern:

Byron III, 165.

    "Why, Pigst complain of this
       damsels disdain
    Why thus in dispair do you fret?
    For months you may try; yet,
       beliebe me, a sigh
    Will never a obtain a coquette."

Moore 75.

> "Come tell me", says Rosa, as
>   kissing and kissed,
> One day she reclined on my breast;
> "Come, tell me the number,
>   repeat me the list
> Of the nymphs you have loved
>   and caressed!"

Die Versmasse, welche ausser den drei oben genannten von Moore und Byron gebraucht worden sind, erschienen so selten und so regellos, dass positive Folgerungen aus denselben nicht gezogen werden können. Dennoch mögen einige Beispiele von überraschender Ähnlichkeit hier nicht am unrechten Platze sein:

Moore 223.

> "One bumper at parting!
>   though many
> Have circled the broad
>   since we met,
> The fullest, the saddest of any
> Remains to be crown'd by us yet."

Byron IV, 5.

> "Since our Country, our God —
>   oh my sire!
> Demand that thy daughter expire."

(Auch von Schipper erwähnt.)

I, 414.

Moore 216.

> "Weep on, weep on your hour is past,
> Your dreams of pride are o'er;
> The fatal chain is round you cast,
> And you are men no more."

Byron IV, 8.
>"Thy days are done, thy fame begun,
> Thy country's strains record
> The triumphs of her chosen son,
> The slaughter of his sword!"

Auch der Gebrauch unterbrochener Zeilen mag erwähnt werden; beide Dichter wenden sie an, um eine humoristische Wirkung zu erzielen.

Moore 90.
> "T'was a newfeeling —
>   something more
> Than we had dared to own before,
> Which then we did not —
>   wich then we did not."

Byron IV, 59 und 106.

Beide Dichter haben eine entschiedene Vorliebe für betonte Anfangssilben und gehen dann und wann zum Spondeus über.

Einige Beispiele von auffallender Ähnlichkeit im Rhythmus mögen hier angeführt werden:

Byron IV, 9.
> "Warriors and chiefs! should
>   the shaft or the sword
> Pierce me in leading the
>   host of the Lord."

Moore 196.
> "Erin! the tear and the
>   smile in thine eyes
> Blend like the Rainbow
>   that hangs in thy skies!

Niemand darf hoffen, aus einem Vergleich des Wortschatzes von Zeitgenossen einigermassen überzeugende Schlüsse zu ziehen, denn wenn nicht der Stil eines derselben von sehr scharfer Eigentümlichkeit wäre, so würden beide dieselben Wörter gebrauchen. Moore unterscheidet sich darin sehr stark von Burns, dass seine irische Nationalität seine Sprache nicht im mindesten beeinflusst. Immerhin ist es auffallend, dass Byron sowohl als Moore häufig Reime anwenden, wie "kiss" und "bliss", "me" und "thee". Letzteres mag daher stammen, dass ein so grosser Prozentsatz ihrer Lyrik sich in der ersten Person bewegt und an eine zweite gerichtet ist.

Ein einigermassen beweiskräftiger Schluss liesse sich jedoch aus einer Übereinstimmung in den metrisch-stilistischen Fehlern beider Männer ziehen: erstens aus der proportionellen Anzahl ihrer Fehler und zweitens aus ihrer Übereinstimmung.

Bei Moore findet sich im Durchschnitt ein falscher Reim in 33 Verszeilen. In seinen "Juvenile poems" kommen 44 falsche Reime auf circa 1580 Zeilen, d. i. einer auf 36 Zeilen. In seinen "Irish Melodies", die schon einen grösseren Fortschritt in seiner Reimtechnik bezeichnen, würden wir nicht so viele erwarten, aber es ergeben sich relativ mehr. Im ganzen sind es 67 oder einer auf 30 Zeilen. Die "Odes, Epistles and other poems" enthalten ungefähr 3600 Zeilen und circa 100 falsche Reime.

Bei Byron finden sich im Durchschnitt mehr falsche Reime wie bei Moore, ungefähr einer in 30 Zeilen. In den "Hours of Idleness" 118, einer auf 30; in den "Hebrew Melodies" 18, oder einer auf 32 Zeilen. Beide Dichter schreiben weniger falsche Reime, je mehr sie an Übung zunehmen. Bei Byron finden sich am wenigsten in den "Hebrew Melodies", welche unter den kürzeren Gedichten am sorgfältigsten ausgearbeitet sind.

Es würde zwecklos sein, alle falschen Reime aufzuzählen, welche bei beiden Dichtern nur einmal vorkommen, denn hieraus liesse sich kein Schluss ziehen, aber wenn dieselben falschen Reime bei beiden Dichtern häufig wiederkehren, so ist das von Wichtigkeit. Bei Moore finden wir die folgenden (bestehend die Zahl ihrer Wiederholung):

heaven,
given, forgiven, riven, etc. } 31.

pain, vain, strain, chain
again [1] } 23.

---

[1] "again" wurde damals ebenso ausgesprochen wie jetzt,

love, loved
rove, roved, grove, strove } 47.
love, above
move, remove, improve } 32.
stood, good, wood,
flood, blood, } 9.

Bei Byron:
heaven, ever, never
given, river } 31.
love, come
reprove, move, tomb } 33.
complain, vain, chain
again } 29.
love, lover
rove, over, rover } 23.
stood
blood } 3.
renown, now, brow.
own, low, throw } 10.

Unter der grossen Zahl schlechter Reime, die sich nur vereinzelt vorfinden, erscheint kaum einer bei Byron, der nicht auch bei Moore gebraucht würde. Eine Eigentümlichkeit, welche, soweit ich bemerkt habe, bei andern Dichtern sich nicht so auffällig zeigt wie bei Moore und Byron, ist die Reimbindung der vorletzten Wörter im Verse, anstatt der letzten. Dies ist jedoch eigentlich nur eine andere Form des weiblichen Reims (des klingenden), welch letzterer bereits erwähnt worden ist.

Schluss.

Wir kommen nun dazu, die erhaltenen Resultate unserer Arbeit zusammenzufassen.

Dass Moores Freundschaft für Byron aufrichtig und uneigennützig war, wird jeder, der mit den Thatsachen vertraut ist, anerkennen. Falls er Byron ein-

---

denn es findet sich sowohl bei Byron als bei Moore als Reim auf "men", "then" etc.

fach würdigte, weil er "loved a lord", so würde er ihm wohl kaum treu geblieben sein, als ganz England ihn verliess und verachtete. Auch können wir nicht glauben, dass Byrons Gefühle für Moore nur die eines Lebemanns für eine unterhaltende und nützliche Bekanntschaft waren; sondern es ist klar, dass Moore einen ganz besonderen Platz in Byrons Herzen einnahm, welcher nur dem intimsten und vertrautesten Freunde zukam.

Wir müssen also folgern, dass Moores rasche Handlung in betreff der Vernichtung der Memoiren nur dadurch begründet ist, dass er das Beste für den Ruf seines Freundes im Auge hatte, und obgleich er das "Life" teilweise um des Geldes willen schrieb, so war doch sein Hauptbestreben, das Leben seines Helden aufzustellen, wie es Wahrheit und Redlichkeit erfordern.

Die gegenseitige Beeinflussung unserer Dichter war weitgehend und ausgesprochen. "Littles Poems" übten einen gewaltigen Einfluss auf den jungen Byron aus, wie wir in "The Hours of Idleness" gesehen, und ihre Einwirkung kann durch sein ganzes Leben verfolgt werden. Die "Hebrew Melodies" waren unter dem Eindruck der "Irish Melodies" entstanden und in gleicher Weise "The Stanzas for Music."

"The Loves of the Angels" verraten in der Ausführung deutliche Beziehungen zu "Heaven and Earth", und die "Fables for the holy alliance" waren von Byrons politischen Ideen beeinflusst, wenn auch nicht unmittelbar durch "The age of bronze", obgleich sie übereinstimmend gearbeitet sind. Wie die politischen Ansichten unserer Dichter in Wechselbeziehung standen, scheinen auch die religiösen Gedanken des einen, Byrons, nicht völlig unabhängig von denen des Freundes geblieben zu sein.

Es steht fest, dass Moores Versmass dasjenige Byrons sicher in Hinsicht auf die anapästischen Rhythmen beeinflusste und wahrscheinlich auch in Bezug auf einige andere formale Prinzipien.

Doch zum Schlusse wollen wir nicht vergessen, darauf hinzuweisen, dass der Einfluss Moores auf Byron sich im grossen und ganzen auf seine lyrische Dichtung beschränkt.

Lebenslauf.

Ich, Edgar Dawson, wurde zu Scottville im Staate Virginien (U. S. A.) am 22. Dezember 1872 als der Sohn von Geo. W. und S. S. Dawson geboren. Ich wurde im evangelischen Glauben (presbyterian) erzogen. Meinen ersten Unterricht erhielt ich in der öffentlichen Schule meiner Vaterstadt.

1888—1890 studierte ich in der New Providence Academy, Virginia; 1890-91 in dem „State College" von Lexington (Kentucky) und in der Indianapolis Business University; 91—95 in dem "Davison College", North-Carolina, wo ich den Grad eines B. A. erhielt, und 95—97 in der Universität zu Vergina, wo ich M. A. wurde. 1897—99 war ich Oberlehrer an der New-Providence Academy. 1899 kam ich nach Deutschland, um englische Philologie zu studieren, und wurde immatrikuliert an der Heidelberger Universität, wo ich Vorlesungen bei den Professoren Erdmannsdörffer, Kuno Fischer, Hoops und Ihne hörte. 1900 kam ich nach Leipzig. Hier hörte ich die Professoren Brugmann, Fricker, Heinze, Lamprecht, Marcks, Seeliger, Sievers, Wülker und Wundt und besuchte die Seminare der Herren Prof. Heinze, Marcks und Wülker.

Allen diesen Herren fühle ich mich zu Dank verpflichtet, ganz besonders den Herren Prof. Erdmannsdörffer und Hoops in Heidelberg und Fricker, Marcks, Seeliger und Wülker in Leipzig.